Dani Nieth

Jammern gefährdet Ihre Gesundheit

Das 7-Tage-Entwöhnungsprogramm

mvgverlag

Bibliografische Information der Deutschen Nationalbibliothek

Die Deutsche Nationalbibliothek verzeichnet diese Publikation in der Deutschen Nationalbibliografie.

Detaillierte bibliografische Daten sind im Internet über http://dnb.d-nb.de abrufbar.

Für Fragen und Anregungen:

info@mvg-verlag.de

Originalausgabe, 4. Auflage 2019

© 2016 by mvg Verlag, ein Imprint der Münchner Verlagsgruppe GmbH
Nymphenburger Straße 86
D-80636 München
Tel.: 089 651285-0
Fax: 089 652096

Textcoaching: Gertrud Teusen, www.gertrud-teusen.de
Umschlaggestaltung: Kristin Hoffmann
Umschlagabbildung: Shutterstock/Fukurou
Satz: inpunkt[w]o, Haiger
Druck: CPI books GmbH, Leck
Printed in Germany

ISBN Print 978-3-86882-683-8
ISBN E-Book (PDF) 978-3-86415-946-6
ISBN E-Book (EPUB, Mobi) 978-3-86415-947-3

Weitere Informationen zum Verlag finden Sie unter

www.mvg-verlag.de

Beachten Sie auch unsere weiteren Verlage unter www.m-vg.de.

Inhalt

Vorwort

Vor Ihnen liegt ein richtig gutes Buch mit einem wagemutigen Titel: »Jammern gefährdet Ihre Gesundheit!« Diese Aussage wird durch die Neurowissenschaften zumindest durch Anhaltspunkte gestützt. Antonio Damasio hat in seiner legendären Monographie *Decartes' Irrtum* mit neurobiologischen Methoden nachgewiesen, dass Denken, Entscheiden, Vernunft, Gefühle, Empfindungen und Körperwahrnehmungen untrennbar miteinander verbunden sind.

Erinnern Sie sich bloß an eine Ihrer letzten größeren oder kleineren Entscheidungen: Eine größere wäre vielleicht ein Hauskauf oder das Ja-Wort vor dem Standesbeamten. Ich zumindest kenne niemanden, der davor (oder danach) nicht ein flaues Gefühl im Magen verspürte oder Herzklopfen hatte.

Es ist neurowissenschaftlich belegt, dass sowohl das Erlebnis, sich beim Skifahren ein Bein zu brechen, als auch die Erfahrung, im Beruf sozial ausgegrenzt zu werden, neuronale Netzwerke im Gehirn aktivieren – und zwar die gleichen. Negative soziale Erfahrungen sowie körperliche Schmerzen aktivieren dieselben neuronalen Netzwerke, positive Erfahrungen wiederum andere.

Das eine Netzwerk ist zuständig für Missempfindungen und Schmerzen – *Pain Network* – und das andere für Freude und Glück – *Reward Network*. Diese Netzwerke unterscheiden nicht zwischen körperlichem Schmerz und dem Empfinden von Neid einerseits sowie zwischen körperlichen Freuden wie Libido und einem hohem sozialen Ansehen andererseits. Die psychologische Bewertung ist ein Folgeprozess, geprägt von Vorerfahrungen. Beispiele gibt es viele: »Schenken macht Freude« – das stimmt: Jemandem etwas zu schenken, aktiviert das *Reward Network* bedeutend stärker, als ein Geschenk zu erhalten. Und wie steht es mit »Schadenfreude ist die schönste Freude«? Auch das stimmt: Schadenfreude gehört zu den stärksten Stimuli des *Reward Networks*.

Als mir Dani Nieth von seinem Buch erzählte und fragte, ob ich das Vorwort schreiben werde, habe ich gerne zugesagt. Es ist ein großartiges Buch! Und gelernt habe ich einiges, zum Beispiel: Frag' nicht nach dem Warum. Frag' lieber nach dem Wie, Was, Wann und Wo. Dani Nieth ist ein Meister der Kommunikation. Er lebt Kommunikation, er lehrt Kommunikation und sein Buch ist eine Anleitung zur offenen und positiven, inneren und äußeren Kommunikation.

Wer positiv kommuniziert, erzeugt positive Antworten und hört auch gerne zu. Wer hingegen negative Gedanken wälzt und verbreitet, fühlt sich schlecht. Das Frustfrei-in-7-Tagen-Programm wird sich also lohnen. Nicht nur weil Jammern ungesund ist, sondern auch weil das Lesen Spaß macht und Humor wohltuend ist – das ist neurowissenschaftlich belegt.

Und vielleicht lernen Sie Dani Nieth einmal persönlich kennen. Auch das lohnt sich. Er lebt, kommuniziert und verhält sich, wie er es in seinem Buch empfiehlt. Dieses Buch werde ich noch einmal genau lesen, jeden Satz, in aller Ruhe.

Prof. Dr. Thierry Ettlin
Titularprofessor für Neurologie, speziell Verhaltensneurologie
Basel, Schweiz

EINLEITUNG

Heute schon gejammert?

Ein schönes Restaurant, ein leckeres Essen, ein gutes Glas Wein – das Leben der meisten Menschen in unseren Breitengraden ist ziemlich perfekt, und es gibt wenig bis nichts zu jammern. Doch das gilt höchstens, wenn Sie als zufriedener Mensch ganz allein zu Hause speisen. Im Restaurant Ihrer Wahl wird es bereits schwierig, die Mahlzeit zu genießen, ohne durch Gejammer beeinträchtigt zu werden: Am Nachbartisch rechts reklamiert eine Dame den Garzustand des Entrecôtes, und von links tönt ein Herr in Nadelstreifen: »Dieser Rotwein ist garantiert zwei Grad Celsius zu warm!« Lauscht man achtsam den Gesprächen der anderen Gäste, so gibt es offenbar jede Menge Gründe zum Lamentieren: Die Politiker und Vorstände sind sowieso alle unfähig, der Wirtschaft geht es auch nicht gut, früher war sogar die Zukunft besser und und und ... Jammern und Klagen ist der Soundtrack unserer heutigen Gesellschaft.

Früher galt die Regel der höflichen Zurückhaltung: »Leide gefälligst, ohne zu klagen.« Aber das ist leider vorbei. Heute heißt die Devise: Jammere laut und penetrant, und dir wird geholfen. Es wird sich schon jemand finden, der den Rotwein unter Entschuldigungen in einen Eiskühler stellt oder das edle Stück Fleisch zurück in die Küche trägt. Schließlich ist der Kunde König – auch wenn er nur ein Jammerkönig ist.

Ich war ein fröhliches und unternehmenslustiges Kind – das ist Schicksal, ich habe es mir nicht ausgesucht. Meine Jugendzeit war geprägt von Spiel und Sport, das Erwachsenwerden von Militärdienst, Partys und Studium, das Erwachsensein von Medienkarriere, eigener Familie und Selbstständigkeit. Es gab wenig Zeit und Grund zu jammern. Und bei den meisten meiner jammernden Mitmenschen sieht es ähnlich aus: Obwohl sie keinen Grund dazu haben, jammern sie dennoch – und machen damit sich und ihre Mitmenschen unglücklich und unzufrieden.

Dabei gibt es einfache Rezepte gegen das Jammern. Es ist wie beim Kochen: Erst mal die Zutaten studieren und dann die Anleitungen befolgen. Die ersten Erfolgserlebnisse machen Lust auf mehr, und plötzlich realisiert man den persönlichen Nutzen: Man erleidet die Welt und das Leben nicht mehr, sondern gestaltet sie aktiv mit – vom Opfer der Umstände zum handelnden Subjekt. Das Umfeld nimmt einen anders wahr und reagiert mit Zuneigung und Respekt.

Wurzelbehandlung

Gerade im deutschsprachigen Raum wird auffällig viel gejammert. Im englischen Sprachraum beispielsweise ist die Frage »How are you?« keine Einladung zum Jammern und Klagen. Die erwartete Antwort lautet: »Fine, thanks!« – und zwar ganz egal, wie es einem tatsächlich geht. Im deutschsprachigen Raum hingegen wird die Frage »Wie geht es Dir?« gern als Startschuss für allerlei Jammerei genutzt und mit Klagefloskeln beantwortet, die die Schwere des

Daseins verdeutlichen. Die Antwortmöglichkeiten sind regional unterschiedlich:

»Geht scho'!«, sagt der Österreicher.

»Es muess…«, klagt der Schweizer.

»Passt scho'!«, ist typisch bayrisch.

Und das höchste der hochdeutschen Gefühle lautet: »Ich kann nicht klagen!«

Mal ehrlich: Wie oft haben Sie schon geantwortet: »Mir geht es wirklich gut«? Und wenn Sie das gesagt haben, wird man Ihnen das wahrscheinlich nicht geglaubt haben, wäre zumindest irritiert und würde denken: »Das kann doch gar nicht sein.«

Auch finden sich in kaum einer anderen Sprache so viele Jammer-Synonyme wie im Deutschen. Kleine Auswahl gefällig? Klagen, nörgeln, motzen, zetern, lamentieren, maulen, beklagen, meckern, knautschen, mosern, nölen, murren, wehklagen …»Jammern« ist also tatsächlich eine ur-deutsche Wortschöpfung – Mittelhochdeutsch *jāmer*, lautmalerisch: Wiedergabe eines Klagelauts. Diese Begriffserläuterung legt die Vermutung nah, dass das Jammern nicht *echt* ist. Es ist mehr eine Wiedergabe, also eine *Imitation*, denn ein *Ausdruck echter Not*. Doch gehört eben dieses Jammern im deutschen Sprachraum mittlerweile zur Kultur. Interessanterweise bedeutet »Kultur« laut *Brockhaus* jedoch nicht nur »Gesamtheit der geistigen und künstlerischen Lebensäußerungen«, sondern auch »Zucht von Bakterien«. Hatten Sie persönlich schon mit diesem Bakterium Kontakt? Und machen Sie die ewigen Jammerer nicht auch manchmal krank?

In der zuständigen Wissenschaft, der Psychologie, hat man sich bislang wenig mit dem Jammer-Phänomen beschäftigt. Vielleicht rührt es daher, dass Psychologen vom Jammern leben. Warum sollte man etwas hinterfragen, das langfristig das Auskommen sichert? Selbst im Wortschatz Sigmund Freuds kam das Jammern nicht vor. Dabei ist es keineswegs ein neues Phänomen – doch anscheinend hat im Laufe der Jahrhunderte eine Bedeutungsverschiebung stattgefunden. Zwar ist bereits in der Bibel von den sogenannten Klageweibern die Rede, allerdings handelt es sich hierbei um Frauen, die an den Gräbern von Verstorbenen ganz professionell das Wehklagen übernehmen. Und auch viele ältere Wörterbücher und Enzyklopädien beschreiben unter dem Stichwort »Jammern« eine religiöse Totenklage.

Könnte es sein, dass es das Jammern im gegenwärtigen Sinn, also das rituallose, modische und destruktive Herumjammern, vor dem Beginn des Siegeszugs der Psychoanalyse und der Psychologie im frühen 20. Jahrhundert gar nicht gab? Die bahnbrechende »Erfindung« Freuds war es ja, dass er seine Patienten dazu ermunterte, über ihr Befinden zu reden und die banalsten Regungen und Störungen des Seelenlebens auszusprechen. Daraus entstand der Begriff »talking cure«: Körperliche und seelische Beschwerden können angeblich allein durchs »Drüber-Reden« nachlassen und bestenfalls verschwinden.

Verzagtheit und Weltüberdruss gab es schon immer, zweifellos, aber jahrhundertelang ertönten diese Klagen eher als rituelle Anrufung einer göttlichen Instanz. Erst seit der wissenschaftliche Glaube besagt, dass sich der Mensch durch bloßes Reden selbst kurieren kann, ist das Jammern als eine Art »Selbsttherapie« in der Welt.

Jammern beginnt im Kopf

Beim Jammern passiert Folgendes: Auf die Frage nach dem Befinden hin gleicht das Gehirn den aktuellen mit einem früheren Zustand ab und kommt zu einem negativen Differenz-Betrag. Die

Kreuzschmerzen, der Streit mit der Partnerin, die neugebaute größere Garage des Nachbarn, das Gespräch mit dem Chef gerade eben, der neueste Lebensmittelskandal – wie kann es einem da denn überhaupt gut gehen?

Paul Watzlawick sagte: »Jeder konstruiert seine eigene Wirklichkeit.« Das bedeutet, Jammern ist eine höchst individuelle Angelegenheit. Es ist der subjektive Ausdruck von Missfallen, der mit keinem anderen Menschen geteilt werden muss. Was dem einen missfällt, kann dem anderen gefallen. Es ist nur eine Frage des Kontextes, der Perspektive oder der Haltung. So wie in Aesops Fabel von den Fröschen, die in einem tiefen Milchtopf landen. Der eine braucht seine Energie fürs Jammern und ertrinkt. Der andere strampelt so lange, bis aus der Milch Butter – und somit fester Boden – wird und rettet sich.

Deshalb versteht man oft auch nicht, warum jemand jammert, weil man es schlicht und einfach nicht nachvollziehen kann. Der Jammerer ist seinen Emotionen ausgeliefert und verliert folglich die gesunde Distanz zum Problem. Aber trotz der Subjektivität des Jammerns ist es ansteckend – und wo viele Jammerer einstimmen, entsteht Stillstand. Eine negative Einstellung macht sich breit und es gibt kein Vorankommen mehr. Chronische Jammerer wirken daher wie schwarze Löcher: Sie ziehen Energie an und vernichten sie.

Fast alle jammern fast überall: Am Arbeitsplatz, in der Beziehung, im Internet. Der Freund abends beim Bier, der seit Ewigkeiten von seiner unerträglichen Ehe erzählt. Der Camper auf dem Zeltplatz, weil ihm der zugeteilte Platz nicht gefällt. Der Taxifahrer, der jeden Stau, jede Baustelle mit einem schweren Seufzer kommentiert. Der Kartenspieler, weil die anderen schon wieder bessere Karten haben als er. Doch das allgemeine Jammern – und das ist das Problem – geht **nicht** mit einem Wunsch nach Veränderung einher.

Zweifellos steht am Anfang jeder Frustration das Gefühl »Es muss anders werden!«, aber wenn man einmal in der Jammerfalle und der Gewohnheit des monotonen, dauerhaften Gejammers feststeckt, erweist sich das Jammern als Mantra der Passivität. Das wird immer dann erkennbar, wenn man einem Jammernden nach Wochen des Zuhörens und geduldigen Aufmunterns vorschlägt, sein Problem aktiv zu überwinden: »Ja, dann kündige doch endlich deine Stelle und lass dir das nicht mehr bieten!« – dieser Ratschlag würde nichts als Befremden auslösen. Denn wer jammert, signalisiert letztlich, dass alles so bleiben soll, wie es ist. Und in einer kleinen Ecke des Gehirns ist jeder Jammerer sich sehr wohl darüber bewusst, dass er selbst schuld ist an seiner misslichen Lage – wegen seiner Passivität oder seiner Angst vor Veränderung.

Anpacken anstatt aussitzen

Der Fokus dieses Buchs liegt nicht auf dem Bewahren des bejammerten Status quo, sondern auf leicht verdaulichen Veränderungsmöglichkeiten und praktikablen Lösungen. Verabschieden Sie sich von der »Kultur« des Jammerns und von allgemeinen Ausreden für das Festhalten an einem von Ihnen ständig beklagten Zustand. Wählen Sie einen neuen Weg. In diesem Buch erfahren Sie tschakka-freie Möglichkeiten, wie Sie die Welt auf relativ einfache Art und Weise zu Ihren Gunsten verändern können. Wie Sie Stolpersteine verwenden, um solide Wege aus dem Jammertal zu bauen. Wie Sie ein statisches und jammerndes Selbstbild durch ein dynamisches und eigenverantwortliches ersetzen. Wie Sie bewusst neue Worte einsetzen und alte Muster auflösen können. Wie Sie ganz einfach die Perspektive wechseln und sich einen passenden Rahmen gestalten, in dem sich Ihr Potenzial voll entfalten kann. Das Buch ist bewusst alltagstauglich geschrieben – manchmal humorvoll, manchmal auch provokativ. Denn Schmunzeln und Nachdenken machen aufnahmefähig – für unangenehme Wahrheiten und ernüchternde Selbsterkenntnis.

Wenn Sie nicht an die Möglichkeit solcher Veränderungen glauben, dann klappen Sie dieses Buch am besten jetzt gleich wieder zu und verschenken es bei nächster Gelegenheit. Wenn Sie aber glauben, dass vieles möglich ist, dass Arbeit Spiel sein kann und dass sich die Welt auch ohne Sie weiterdreht, dann halten Sie das richtige Buch in den Händen. Viele persönliche Erlebnisse und nachvollziehbare Erkenntnisse sollen Ihnen zusätzliche Perspektiven und Verhaltensmöglichkeiten bieten. Sie entscheiden selbst, was Sie wann, wo und wie anwenden möchten. Das Ausprobieren lohnt sich, das garantiere ich Ihnen.

Viel Spaß!
Ihr Dani Nieth

KAPITEL 1

Haben Sie wirklich Grund zum Jammern?

Wahrscheinlich nicht. Zumindest keinen offensichtlichen. Lassen Sie mich raten: Sie haben Lebensmittel im Kühlschrank, ein Dach über dem Kopf, einen Job, der Ihnen zu etwas Geld auf dem Konto verhilft, Freunde und Bekannte – und vielleicht sogar die Traumfrau bzw. den Traummann an Ihrer Seite. Was würden Sie noch brauchen, um rundum glücklich zu sein? Den ganzen Tag in der Hängematte liegen, über das türkisfarbene Wasser schauen und Cocktails schlürfen? Genau! Das berühmte und ewig verlockende »Dolcefarniente«. Doch nach einer gewissen Zeit würde Ihnen vermutlich auch das langweilig, und durch das stetige Nichtstun wären Sie bald übergewichtig, träge und gereizt. Und schon wieder hätten Sie einen Grund zum Jammern gefunden. Im Idealfall ist Jammern dann die Vorstufe zur Aktivität und, ja: die Vorstufe zur Veränderung. Also raus aus der Hängematte!

Den Menschen hierzulande geht es gut. Sollte man zumindest meinen. Und wem es gut geht, der braucht auch nicht zu jammern. So weit, so falsch. Wir alle sind Weltmeister im Jammern und Beklagen, im Nörgeln und Uns-Beschweren. Doch warum bloß? Die Antwort ist ernüchternd: Die meisten Menschen sind einfach nicht zufrieden mit dem, was sie haben. Sie vergleichen ständig und wollen mehr – nur mehr wovon, das wissen sie oft nicht so genau.

Umfragen haben ergeben, dass die meisten Frauen und Männer unzufrieden mit ihrem Aussehen sind. Der morgendliche Blick in den Spiegel oder auf die Waage enthüllt das ganze Ausmaß der Katastrophe. Der Schritt vom Erkennen des Problems hin zu einer Lösung wäre nur ein kleiner: sich gesünder ernähren, sich regelmäßig bewegen, mehr schlafen. Doch der Enthusiasmus des Veränderungswunsches endet meist, sobald es konkret wird: Welche Diät darf es diesmal sein? Welches Fasten-Programm? Wir probieren mal dieses, mal jenes – und schlussendlich bleibt alles, wie es war. Wir stehen auf der Waage, schauen in den Spiegel und jammern leise weiter. Doch unser primäres Thema hier ist nicht das Abnehmen – sondern die Frage, wieso wir immer wieder einen Grund zum Jammern finden.

Glückspilz oder Pechvogel – Sie haben die Wahl

Was ist Glück? Haben Sie sich das schon einmal gefragt? Glück lässt sich sehr schwer definieren, weil es für jeden Menschen etwas anderes bedeutet. Es wird mit einer Vielzahl von Begriffen gleichgesetzt, beispielsweise mit Freude, Gesundheit, Zufriedenheit, Geld, Liebe, Sex, Freiheit, Karriere und so weiter. Das alles sind Umstände, die eine gute Basis für Glück bilden – aber sie allein machen noch nicht glücklich.

Entscheidend dafür, wie viele glückliche Momente wir erleben, ist unsere persönliche Einstellung zum Glück. Wenn wir uns für Glückspilze halten, nehmen wir mehr glückliche Zufälle wahr, als wenn wir uns als Pechvögel sehen. Denn das, worauf wir uns gedanklich konzentrieren, das erleben und spüren wir stärker. Menschen, die viel jammern und gern im Selbstmitleid baden, haben einen Tunnelblick. Sie sind so auf Negatives fixiert, dass sie nur noch das Unerfreuliche registrieren.

Was hat es wissenschaftlich gesehen mit dem Glück und dem Streben danach auf sich? Dass es im Gehirn ein »Lustzentrum« (also ein Glückszentrum) gibt, fanden Forscher bereits in den 1950er Jahren heraus. Bei Ratten stimulierte man dieses Hirnareal mit Strom, was zur Ausschüttung von Endorphinen führte. Die Tierchen waren so gierig danach, dass sie sich schlussendlich selbst (durch das Umlegen eines Schalters) schmerzhafte Stromstöße verpassten, nur um ein wenig glücklicher zu sein.

Offensichtlich sind also nicht nur wir Menschen, sondern auch andere Lebewesen ohne Glücksgefühle unglücklich. Interessanterweise hat die Jammer-Forschung jedoch herausgefunden, dass auch intensives Selbstmitleid die Endorphin-Produktion anregt. Das bedeutet, dass Selbstmitleid und Jammerei durchaus glücklich machen können. Allerdings wirkt dies wie eine Droge: Sobald die Wirkung nachlässt, will man nachlegen. Es muss also noch mehr gejammert werden, um das Endorphin-Level zu halten. Es erinnert an einen Schaukelstuhl: Man braucht Energie, um ihn in Bewegung zu halten, kommt aber trotzdem nicht vom Fleck.

 **Typische Jammer-Auslöser**

1. Figur
2. Wetter
3. Frisur
4. Verkehr
5. Nachbarn
6. Jammernde Mitmenschen
7. Vorgesetzte
8. Internet-Geschwindigkeit
9. Handy-Zombies
10. Politik
11. Lärm
12. Stress im Beruf
13. Geld
14. Gesundheit
15. TV-Programm

Wenn's läuft, dann läuft's

Glücksgefühle kommen auf, wenn wir im sogenannten *Flow* sind: wenn wir in unserer Rolle aufgehen, die Zeit vergessen und unser Handeln und unser Bewusstsein miteinander verschmelzen. In diesem Zustand ist extrinsische Motivation kein Thema mehr, Aufgabe und Lösungskompetenz befinden sich im Gleichgewicht – wir sind das, was wir tun.

Kennen Sie dieses wunderbare Gefühl? Wir haben es alle schon erlebt – als spielende Kinder. Stellen Sie sich vor, Sie würden Ihre tägliche Arbeit so erleben. Würden Sie das überhaupt noch Arbeit nennen? Wohl kaum. Wenn Sie voller Engagement durch das Leben gehen, verschmilzt Arbeit mit Freizeit. Sie tun das, was Ihnen Freude macht und Spaß bereitet. Solche Erfahrungen geben Sicherheit, und Sicherheit wiederum gibt Selbstvertrauen.

Doch ganz einfach ist das scheinbar nicht. Es ist vielmehr harte Arbeit, in den Flow zu kommen und ihn dauerhaft auf gleichem Niveau zu halten. Es sind die Störfeuer des Alltags, die uns immer wieder dazu verführen, ins Jammertal abzugleiten. So findet man auf der Top-15-Liste der Jammer-Auslöser beispielsweise das Stichwort »Politik«. Wenn Sie den ganzen Tag so richtig gut drauf waren, dann müssen Sie nur pünktlich zu den Abendnachrichten den Fernseher anschalten. Der große Entertainer Rudi Carrell soll einmal gesagt haben: »Die Nachrichtensendungen beginnen mit ›Guten Abend, meine Damen und Herren‹ – und dann genügen die nächsten 15 Minuten, um zu beweisen, dass es kein ›guter Abend‹ ist.«

Jammern auf hohem Niveau

Nehmen wir ein klassisches Beispiel: Das Jammern beginnt bei mir bereits im Bett, beispielsweise weil die Sonne nicht scheint. »Typisch! Warum kann nicht ein einziges Mal schönes Wetter sein, wenn ich ein Golf-Turnier spielen muss? Einfach unfair! Warum organisieren die überhaupt Wettkämpfe im Juni? Es weiß doch jedes Kind, dass das Wetter in diesem Monat meistens schlecht ist.« In dieser Stimmung fahre ich los. Unterwegs rege ich mich über die langsamen Autofahrer auf, die Baustellen usw. Mein Lieblingsparkplatz vor dem Clubhaus ist logischerweise auch schon besetzt, und die Startliste gibt mir den Rest. »Nein, bitte, nicht schon wieder mit diesem Deppen in der Gruppe spielen. Der zieht ja hier jeden runter mit seiner permanenten Meckerei. Wäre ich doch im Bett geblieben!« Das Wetter ist schuld, die Andern sind schuld – und überhaupt ist die Welt schlecht und ungerecht. Ja, so war das, bevor ich dieses Buch geschrieben habe.

Dabei geht es uns, wie bereits erwähnt, doch gut. Die grundlegendsten und mächtigsten Bedürfnisse der Menschheit wie Nahrung, Wärme etc. sind befriedigt. Doch das scheint uns nicht zu genügen. Wir klettern weiter nach oben: Geborgenheit und Schutz werden eingefordert. Gut, das haben wir erreicht. Sicherheit und Stabilität? Na ja – in politisch schwierigen Zeiten (andere gibt es nicht!) ist der Mensch tendenziell unzufrieden und sucht Schuldige für diesen Zustand. Für Struktur, Ordnung, Gesetze und Grenzen machen wir »die Politik« verantwortlich – wer auch immer damit gemeint sein mag. Und wenn tatsächlich sowohl die körperlichen als auch die Sicherheitsbedürfnisse zufriedengestellt sind, wird über fehlende Liebe, Zuneigung und Zugehörigkeit geklagt. Und schließlich wird in der Endphase der anstrengenden Kletterpartie zur Spitze der Glückspyramide der Ruf nach Anerkennung und Selbstverwirklichung bis hin zur Transzendenz laut. Je höher wir klettern, desto weniger haben unsere Beschwerden mit wirklichem Überleben zu tun. Die Luft wird dünner und das Jammern lauter und lächerlicher. Plötzlich verstehen wir: Kaum ist eine Stufe erreicht, ruhen wir nicht, sondern schauen unzufrieden nach oben, ins vermeintliche Paradies. Dort muss die Erfüllung, das ultimative Glück liegen!

In einer Welt, in der Wachstum eine Art Religion geworden ist, wird Zufriedenheit mit Trägheit gleichgesetzt und das Streben nach Glück als Antrieb verstanden. Vielleicht lohnt es, einmal darüber nachzudenken, ob Zufriedenheit nicht auch glücklich machen kann. Ich habe darüber nachgedacht: Wie war das damals, als ich enthusiastisch und fasziniert mit dem Golfspiel begonnen habe? Ich war glücklich, dass ich nach bestandener Prüfung endlich auf den Platz durfte, das Wetter spielte keine große Rolle und ich war – ganz auf mich selbst konzentriert – zufrieden mit jedem einigermaßen gelungenen Schlag. Doch leider neigen wir dazu die Vergangenheit zu verklären (»früher war alles besser«), anstatt uns einzugestehen, dass wir früher mit weniger zufrieden waren. Golfspieler oder nicht – wir orientieren uns viel zu oft an Defiziten und an der Überzeugung, zu kurz zu kommen.

»Es hätte noch schlimmer kommen können«

Neulich war ich mit meiner Frau im Urlaub. Drei Wochen Sonne, Sand und Meer, Ausflüge und feines Essen, während die Zurückgebliebenen mit zweistelligen Minustemperaturen inklusive morgendlichem Autoscheibenkratzen und überfrierender Nässe zu kämpfen hatten. Es hätte eine schöne Zeit sein können – wäre nur diese Pechsträhne nicht gewesen. Angefangen hat es mit einer deftigen Lebensmittelvergiftung. Dabei hatten wir die ganze Zeit darauf geachtet, keine Fische zu essen, die mit trüben Augen in warmen Auslagen an der Straße lagen. Und dann hat es uns ausgerechnet in unserem feinen Hotel erwischt! Nur weil Tintenfische keine Augen haben und die Hotelküche wahrscheinlich die Kühlkette unterbrochen hatte, bewegten wir uns rund vier Tage lang nur noch zwischen Bett und Toilettenschüssel anstatt zwischen Strand und Pool. Und dann der Rückflug – genau das, was man am meisten braucht: Kaum am Flughafen angekommen, zeigte die Tafel schon eine Verspätung an. Na gut, eine Stunde »Delay«. In Abu Dhabi hatten wir ja zweieinhalb Stunden Zeit zum Umsteigen. Doch aus einer Stunde Verspätung wurden erst zwei und schlussendlich drei, und als die Maschine dann abhob, war uns klar, dass wir den Anschlussflug nach Zürich nie und nimmer erwischen würden.

So war es logischerweise auch. In den Emiraten dann gefühlt stundenlanges Beine-in-den-Bauch-Stehen um 3 Uhr morgens – was in Gegenwart von hektischen und aggressiven Mitreisenden nicht unbedingt zu einer entspannten Stimmung beitrug. Und dann: Jackpot! Erst sechs Stunden später ging es weiter nach Rom, und schließlich, nochmal drei Stunden später, von Rom nach Zürich. Unterm Strich kamen wir mit zehn Stunden Verspätung zuhause an. Gerädert, bleich und müde – als wären wir gar nicht fort gewesen.

Sie werden zugeben: Wir hatten allen Grund zum Jammern. Und so antworteten wir auf die Fragen der Familie, der Freunde und der Kollegen nach unserem Urlaub mit Klagen über die stressige Rückreise. Die Erinnerung ans türkisblaue Meer, an frische Fruchtsäfte und hilfsbereite Menschen, an interessante Ausflüge und laue Tropen-Nächte war wie weggeblasen. Gefangen im eigenen Elend hörten wir tatsächlich, wie jemand sagte: »Ach, hör' doch auf zu jammern! Denk dran: Es hätte noch schlimmer kommen können! Drei Wochen Urlaub in der Sonne – Du bist auch mit nix zufrieden.« Erwischt!

Mit dem diesem Satz (»Es hätte noch schlimmer kommen können!«) bewegt man sich in der Königsdisziplin des ewig positiven Menschen, der es sich zum Ziel gesetzt hat, den Jammerer auszubremsen. Nun, diese ewigen Gut-Menschen findet man ja überall – und leider haben sie meistens auch noch recht: Es hätte schlimmer kommen können. Stimmt schon. Wir sind allerdings einem kleinen Trick unserer grauen Zellen zum Opfer gefallen. Die Hirnforschung weiß schon lange, dass uns das Negative länger und intensiver im Gedächtnis bleibt als das Positive, also der erholsame Urlaub unter Palmen. Negative Erlebnisse werden »prominenter« im Gedächtnis abgelegt, damit man aus schlechten Erfahrungen lernen kann.

Die Jammerer machen sich den Spruch »Es hätte schlimmer kommen können« gern zunutze: um sich nämlich ungefragt und hemmungslos ins Scheinwerferlicht zu rücken. Das kann man beispielsweise an »bunten Nachmittagen« in Seniorenzentren studieren, wenn viele Senioren zusammensitzen. Das Ranking der Jammer-Hitparade:

Platz 1: Die Gesundheit. Der eine hat's im Rücken, die nächste im Knie und der dritte am Herzen, der vierte an den Nieren, und überhaupt: die Blutwerte, der Eisenmangel, die Osteoporose ...

Platz 2: Das Essen. Es ist zu viel oder zu wenig, zu heiß oder zu kalt. Das Fleisch zu hart oder zu weich. Zu wenig Salz oder zu viel Pfeffer. Die Portionen zu groß, die Auswahl zu klein.

Platz 3: Das Fernsehprogramm. Es ist schon eine Unverschämtheit, was einem heutzutage geboten wird. Zu viel Gewalt, zu viel Sex, zu viel Action, viel zu selten Volksmusik. Und die guten Sachen kommen alle immer so spät.

Zur Ehrenrettung der Senioren sei eingeräumt, dass es meist nicht allzu viel Neues in ihrem Alltag gibt – und vor allem nicht sehr viel Erfreuliches. Aber wenn das eigene Leben nicht mehr so viel zu bieten hat, dann kann man aus dem Wenigen und Schlechten einfach ein bisschen mehr machen. Das geht auch mit wenig Aufwand – nach dem Min-Max-Prinzip. Das bedeutet: Minimaler Input bei maximaler Jammer-Ausbeute. Damit rückt man sich beispielsweise in Gesprächen in den Mittelpunkt, auch wenn man nichts zu sagen hat. Man klagt über Belangloses und entwirft dann ein Szenario, was noch alles Schlimmes daraus hätte werden können ... wenn, ja wenn man nicht so ein toller Hecht gewesen wäre.

Jammern ohne Sinn und Zweck

Jetzt könnte man natürlich versuchen, dem Jammern hin und wieder auch etwas Positives abzugewinnen. Nur blöd, dass das nicht funktioniert. Jammern hat keinen tieferen Sinn und erfüllt auch keinen wertvollen Zweck. Es ist allenfalls manchmal eine Notfallmaßnahme. Das renommierte Magazin *Psychologie heute* beschäftigte sich bereits 2005 unter dem Titel »Selbstmitleid vergrößert den Schmerz« mit dem Thema und der Autor des Artikels, Peter Düweke, stellte fest: »Selbstmitleid ist ein nichtpharmazeutisches Betäubungsmittel. Es macht süchtig, gibt momentanen Genuss und trennt das Opfer von der Wirklichkeit.«

Vielleicht braucht es in gewissen Situationen genau das? Im Straßenverkehr beispielsweise gehöre ich zur internationalen Jammerelite. Kaum sehe ich eine stehende Fahrzeug-Kolonne vor mir, raste ich fast aus. Obwohl ich weiß, dass ich selbst Staumitverursacher bin, sehe ich mich sofort nur noch in der Opferrolle. Vorwürfe wie »Müssen ausgerechnet jetzt alle in die Stadt fahren?!« und Anschuldigungen im Stil von »Haben die nichts Gescheiteres zu tun, als ihre Freizeit auf der Straße zu verbringen?!« presse ich halblaut durch dünne Lippen. Da ich die Situation auch mit Fluchen nicht verändern kann, könnte mir ein anderes Vokabular eher helfen. *Maktub* – das würde mir jetzt guttun. *Maktub* kommt aus dem Arabischen und bedeutet so viel wie »es steht geschrieben«. Es bezeichnet etwas Unabänderliches. Was rege ich mich über etwas auf, das ich nicht ändern kann? Reine Energieverschwendung! Doch vielleicht ist das auch gerade der Clou der Geschichte: Ich jammere laut, um überschüssige Energie loszuwerden. Energie, die mich sonst innerlich so stark zum Kochen bringt, dass der Druck steigt. Und was das bei geschlossenen Gefäßen anrichtet, kennen wir aus dem Physikunterricht: Sie explodieren. Also hat das Jammern in diesem Fall eine Ventilwirkung. Solange niemand sonst im Auto diese Klagelaute mithören muss, erfüllt es also einen Zweck. Fatal wird es, wenn das Jammern nicht mehr nur eine Notfallmaßnahme für angespannte Ausnahmesituationen ist, sondern zu einer lästigen Angewohnheit wird.

Die Lösung: Selbstironie

Weil ich mich selbst überhaupt nicht gern jammern höre, habe ich mir eine Clown-Nase aus Schaumstoff gekauft. Das war ein sehr wertvoller Tipp eines Freundes. Diese rote Kugel liegt seither im Seitenfach meines Autos, und immer, wenn ich mein Verhalten selbst lächerlich finde, setze ich sie auf. Ich brauche nicht einmal mehr in den Rückspiegel zu schauen, denn ich weiß, wie ich mit diesem Ding im Gesicht aussehe. Das Jammern macht dann einem milden Lächeln Platz und Aggressionen weichen der gepflegten Selbstironie.

Selbstmitleid, ein zweischneidiges Schwert

Es gibt wenige menschliche Emotionen, die so warm, tröstlich und einlullend sind wie Selbstmitleid. Und keine ist zugleich zerfressender und zerstörerischer. Und lächerlicher. Erinnern Sie sich an den Laboranten von Dr. Bunsenbrenner in der Muppet Show? Genau: Beaker! Alles was je über seine verzweifelten Lippen kam, war: »Mi-mi-mi-mi-mi...« Was habe ich über diesen jämmerlichen Kerl gelacht – ja, ihn ausgelacht! Augen, Mund, Körperhaltung – alles war auf das Verlieren ausgerichtet. In keiner Episode hat er sich dagegen gewehrt, als Versuchskaninchen für diese oder jene Erfindung zu dienen. Er hat mir nie wirklich leidgetan, denn er hätte ja theoretisch einfach seinen Job kündigen können. Und dennoch habe ich mich immer gefreut, ihn wimmern zu sehen, denn er zeigte mir, dass das Leben nicht zwingend ernst zu nehmen ist.

Ähnlich geht es mir, wenn ich Fußball schaue. Ich mag die Stimmung der großen Turniere – und finde gleichzeitig das Verhalten der Sportler oft jämmerlich. Nach einem Foul wälzen sie sich am Boden, halten die Hände an die Schläfen ihrer schmerzverzerrten Gesichter und schielen durch halb zugekniffene Augen zum Schiedsrichter. Wenn der allerdings weiterspielen lässt, stehen sie wie wundersam Geheilte plötzlich wieder auf, hinken noch ein paar Sekunden und spielen dann weiter, als wenn nichts gewesen wäre. Manchmal führt dieses jämmerliche Gehabe aber doch zum Ziel. Und was passiert dann mit dem Jammerer? Basierend auf seiner Erfahrung tut er es wieder und wieder und wieder. Bis es zu seinem alltäglichen Verhaltensrepertoire gehört und er zum Jammerlappen mutiert.

Kollektiver Jammerblues

Je besser es uns geht, desto stärker ist paradoxerweise unser Drang, unser Glück zu relativieren und uns ein wenig zusätzliche Zuwendung zu erschleichen. Interessanterweise hört man Menschen, die ernste Sorgen haben und denen es wirklich schlecht geht – etwa weil sie krank, hungrig oder arm sind – seltener jammern. Vermutlich brauchen sie all ihre Kraft zum Überleben und haben für wehleidige Seelenhygiene einfach keine Ressourcen frei.

Aber unter den Satten und Gesunden gehört das Jammern eben oft zum guten Ton. Wer nicht jammert, der macht sich verdächtig. Man könnte ja zu erfolgreich erscheinen. Oder zu naiv und zu wenig selbstkritisch. Oder gar wie ein Lügner oder ein Verdränger. Also jammert man besser mal präventiv. Und wer besonders geschickt ist, der gibt auch in guten Zeiten negative Überzeugungen zum Besten.

Die Sache mit dem Herdentrieb

In der wissenschaftlichen Forschung gibt es immer wieder interessante Erkenntnisse, die das bestätigen, was man ohnehin schon ahnte. So ist es beispielsweise mit der Aussage, dass der Mensch ein Herdentier ist – so wie es beispielsweise Schafe sind. Nun sind Schafe erwiesenermaßen Tiere mit sehr beschränkter Intelligenz. Sie brauchen einen Leithammel, um zu wissen, wo es langgeht. Und wer dennoch aus der Reihe tanzt, dem weist der Schäferhund den rechten Weg.

Auch der Mensch ist ein Herdentier. Seit der Steinzeit leben wir in Rudeln, Gruppen, Stämmen und Völkern. Dass das auch heute noch so ist, bewies unlängst ein Versuch der britischen University of Leeds. Man schickte dazu 20 Menschen in eine große Halle. Nur ein Teilnehmer wurde zuvor genau instruiert, wie und auf welchen Wegen er sich bewegen sollte. Die Probanden durften nicht kommunizieren – weder mit Worten noch mit Gesten. Relativ schnell formierten sie sich zu einer Gruppe, die dem »Anführer« folgte – auch wenn dessen Wege offensichtlich keinen bestimmten Sinn verfolgten.

Das ist ziemlich erschreckend – und zugleich nur allzu menschlich. Auch der moderne Mensch will einer »Herde« angehören – weil es ihm Schutz und Sicherheit bietet und weil es weniger Energie braucht, im Windschatten anderer durchs Leben zu strampeln. Deshalb jammern so viele Menschen einfach mit, auch wenn sie gar keinen Grund dafür haben – und oft, ohne sich darüber bewusst zu sein. Als positiv denkender Mensch wird man in einer Jammer-Gruppe schnell zum Außenseiter – ähnlich wie ein Nüchterner zwischen lauter Betrunkenen.

Wir haben es hier mit dem Phänomen der Synchronisation oder Spiegelung zu tun. Um zu einer Gruppe zu gehören, passen wir uns ihren Mitgliedern ganz unbewusst an – beispielsweise bezüglich Stimmlage und Körperhaltung. Und manchmal sogar inhaltlich. Der Film »Die Welle« zeigt das in besonders krasser Weise. Er basiert auf dem Versuch »The Third Wave«, den ein Lehrer 1967 an einer kalifornischen Schule durchführte. Weil seine Schüler nicht verstanden, wie es überhaupt zum Nationalsozialismus kommen konnte, stellte er eine »Bewegung« auf, die er totalitär mit straffer Disziplin und Ahndung von Regelverstößen als Alleinherrscher führte. Das erlebte Gemeinschaftsgefühl begeisterte viele Schüler, und es schlossen sich sogar einige aus anderen Klassen an. Um die vom Versuch entfesselte und höchst gefährliche Eigendynamik aufzuhalten, musste der Lehrer die Übung am fünften Tag abbrechen, was zu Unruhen und großen Enttäuschungen führte.

Kettenreaktionen, die man im Fachjargon auch Entainment nennt, erleben wir oft, auch wenn wir uns dessen nicht bewusst sind. Nehmen wir einmal an, Sie sitzen in einem Konzert. Am Schluss applaudiert ein Erster und die Anderen stimmen ein. Irgendwann klatschen alle im selben Takt. Wäre das nicht so, würde der Applaus relativ schnell enden. Es genügen übrigens nur ganz wenige Personen, die nicht im gleichen Takt klatschen, um den Applaus zu verkürzen. Übersetzt heißt das: Wir haben jederzeit die Chance, mit dem Jammern aufzuhören und auszusteigen. Tun es aber nicht, weil wir gerne Teil der Gemeinschaft sein wollen. Alternativ bleibt nur: eine Anti-Jammer-Fraktion zu bilden, der sich dann alle Ex-Jammerer anschließen können. Ist doch eine verlockende Idee – oder?

Gefühlen auf den Grund gehen

Wer jammert, der trennt sich von seinen wahren Emotionen. Alleine das wäre schon ein Grund, sofort damit aufzuhören. Ein erster Schritt für einen bewussteren Umgang mit unseren Gefühlen ist es beispielsweise, diese zu benennen. Probieren Sie es! Dieses Experiment mache ich oft mit Seminarteilnehmern, wenn es um das Thema »Umgang mit Emotionen« geht. In den meisten Fällen funktioniert es bestens, sobald die anfängliche Skepsis überwunden ist. Achtung: Verändern Sie bei dieser Übung auf keinen Fall positive Gefühle, das wäre schade. Suchen Sie sich etwas Belastendes aus, um es zu Ihren Gunsten zu verändern.

Sie sind gerade nicht gut drauf? Haben Sie vielleicht einen Verlust zu beklagen? Schließen Sie die Augen und sagen Sie: »Das ist Trauer!« Oder sind Sie wütend auf den Chef oder Ihre Kollegen? Schließen Sie die Augen und sagen Sie: »Das ist Wut!« Das Benennen vor allem negativer Emotionen führt erstaunlicherweise dazu, dass sie verschwinden. Und das nur, weil man sie benannt hat.

Haben Sie sich schon mal gefragt, wo genau Sie dieses Gefühl wahrnehmen, wenn Sie sagen: »Ich habe Angst« oder »Ich bin wütend«? Im Bauch oder im Kopf? Versuchen Sie es zu lokalisieren. Das ist am Anfang extrem schwierig, weil es Ihnen an Übung fehlt. Aber geben Sie nicht auf. Rufen Sie die Situation aus Ihrem Gedächtnis ab und tauchen Sie in sie ein. Sehen Sie sie? Hören Sie

sie? Spüren Sie sie? Wenn Sie sich konzentrieren und mit der Zeit spüren, wo im Körper das Gefühl installiert ist, betrachten Sie es genauer. Welche Größe hat es und welche Form? Ist es statisch oder dynamisch? Fest, flüssig, gasförmig? Welche Farbe hat es? Welche Temperatur? Gibt es gegebenenfalls Aussagen zur Oberflächenbeschaffenheit? Und nun geht's los! Verändern Sie irgendeine Eigenschaft. Angenommen, Sie sehen das Gefühl dunkelrot: Machen Sie es blau. Oder gelb. Oder grün. Egal – wichtig ist, dass Sie sich dabei auf die gleichzeitige Veränderung der anderen Wahrnehmungen konzentrieren. Ändert sich die Temperatur, wenn Sie die Farbe ändern? Oder vielleicht die Größe oder die Form? Was fühlt sich angenehmer an? Darauf kommt es an! Auf die Verbesserung Ihres Zustandes. Sich Gefühle bewusst zu machen, legt den Grundstein, sich nicht im Negativen zu verlieren. Mehr dazu lesen Sie im letzten Kapitel.

Gewohnheiten versperren die Sicht

Als vor einigen Jahren der Vater eines Freundes starb, wurde mit ihm auch die jahrelange Tischordnung zu Grabe getragen. »Fast 50 Jahre saß mein Vater am selben Platz, auf demselben Stuhl«, erzählte der Freund mir später. Dagegen ist nichts einzuwenden, denn schließlich wird das in den meisten Familien so gehandhabt. Perspektivenwechsel stehen auf der Wunschliste der meisten Menschen nicht sehr weit oben; ihnen ist Routine wichtig. Sie fahren seit Jahren an denselben Urlaubsort, ins selbe Hotel – und sie sind froh, wenn sie dort das altbekannte Personal wiedertreffen. Die wissen schließlich, was man mag und was nicht, und es braucht weder Erklärungen noch Diskussionen. Das ist bequem. Wenn man dann durch äußere Umstände zu Veränderungen gezwungen wird, beginnt meistens das Jammern.

Eine gute Vorbeugungsmaßnahme gegen die Jammeritis besteht darin, dass man Veränderungen in den Alltag integriert und sie sogar fördert. Probieren Sie also Neues aus! Wechseln Sie bewusst die Sichtweise! Es lohnt sich. So hat die Mutter meines Freundes erst nach dem Tod ihres Gatten gesehen, was er von seinem Stammplatz aus stets gesehen hatte während des Essens: den Garten. Sie selbst hingegen hatte jahrzehntelang immer dieselben Bilder an der Wand »bestaunen« dürfen. Also. Verzichten Sie auf alte Tischordnungen zugunsten neuer Perspektiven. Oder besuchen Sie jedes Jahr einen neuen Ort. Entdecken Sie Städte und Landschaften mit den Augen eines Kindes, das alles zum ersten Mal sieht. Dabei sind Sie aufmerksam und bleiben wach. Und gefühlsmäßig jünger.

Gewohnheiten versperren die Sicht auf das, was ist. Und sie trennen uns auch von unseren Gefühlen.

Körperwahrnehmung

»Wie man sich bettet, so liegt man.« Wörtlich meint dieses Sprichwort, dass man auf einer minderwertigen Matratze vermutlich nicht gut schlafen wird. Dahinter steckt der Gedanke, dass man selbst Einfluss auf sein Wohlbefinden hat. Jedes Handeln, jede Entscheidung hat Konsequenzen und erzeugt Gefühle, für die man selbst verantwortlich ist. Wer bewusst liegt, sitzt oder steht, nimmt direkt Einfluss auf die Außenwahrnehmung und auf die innere Gefühlswelt.

Sie können das mit einem Experiment selbst ausprobieren. Gehen Sie auf zwei Arten durch eine Fußgängerzone. Beim ersten Mal schauen Sie richtig böse und unterstellen allen Menschen, dass sie schlecht sind und nichts mit Ihnen zu tun haben wollen. Die Menschen werden Ihnen aus dem Weg gehen und es wird tatsächlich niemand mit Ihnen zu tun haben wollen – Sie werden nachfühlen können, wie sich Moses gefühlt haben muss, als sich vor ihm das Rote Meer teilte. Das nächste Mal wählen sie dieselbe Strecke und stellen Sie sich vor, dass Sie ein »Pfadfinder erster Güte« sind: freundlich, hilfsbereit und aufmerksam. Sie werden staunen, wie viele Kontakte sich ergeben. Zählen Sie dabei auch die wohlwollenden Blickkontakte. Diese Erfahrungen beruhen auf dem altbekannten Bumerang-Prinzip: Wie man in den Wald hineinruft, so schallt es heraus.

KAPITEL 2

Anatomie des Jammerlappens

Wer beharrlich jammert, wird gern als »Jammerlappen« bezeichnet. Mit der Zeit spiegelt sich das Jammern auch in seiner Körperhaltung: hängende Schultern, nach unten gezogene Mundwinkel, leicht gehetzter Ausdruck in den Augen. Wir kennen sie, diese Jammerlappen. Vielleicht haben wir sogar schon mal einen im Spiegel gesehen. Leider brauchen waschechte Jammerer in der Regel keinen speziellen Anlass – sie jammern einfach, egal ob sich jemand für ihre Not interessiert oder nicht – und auch keine Qualifikation hinsichtlich des Themas, über das sie jammern. Dabei ist das Jammern weder für den Jammerer noch für sein Gegenüber besonders erquicklich. Je jammervoller das Lamento, desto unattraktiver ist der Lappen – übrigens egal, ob männlich oder weiblich. Den Unterschied macht maximal die Tonlage; unerotisch bleibt es auf alle Fälle. Und auf die Dauer macht Jammern auch einsam. Irgendwann jammern Jammerlappen ganz allein vor sich hin – ob still oder weniger still, interessiert dann keinen mehr. Denn das Jammern ohne Substanz, Sinn, Zweck und Ziel ist schlicht und ergreifend langweilig. Und wer will schon sein Leben mit jemandem verbringen, der sich für ein verkanntes Genie hält oder es sich in dem Gefühl gemütlich macht, ein Opfer der Umstände zu sein?

Sie finden das jetzt doch ein wenig übertrieben? Mal schauen. Vielleicht finden Sie sich in folgendem Szenario wieder: Gehören Sie zu diesen Menschen, die abends auf der Couch sitzen und sich ab und an ein Gläschen Selbstmitleid gönnen? Das Wetter! Der Chef! Das Finanzamt! Alles furchtbar! Vielleicht ist Ihr Partner zu allem Überfluss ein lösungsorientierter Pragmatiker und lässt sich nicht einfach so bejammern. Maximal zwei Minuten lang hört er/sie sich das Genöle an, bis die fieseste Waffe gegen das Jammerbedürfnis eingesetzt wird: der wohlgemeinte Lösungsvorschlag! »Mach doch ein bisschen mehr Sport« oder »Sprich doch einfach mal mit deinem Chef.« Ehrlicherweise müssten Sie dann antworten: »Ich will mein Problem aber gar nicht lösen …«

Und genau mit diesem Geständnis würden Sie sich als Jammerlappen entlarven. Unangenehm, nicht wahr? Mein Vorschlag: Machen Sie den folgenden kurzen Test und eruieren Sie Ihr persönliches Jammer-Potenzial. Denn erst, wenn Sie wissen, wo Sie stehen, können Sie die Lösung des Problems angehen.

Jammer-Test

1. Ganz grundsätzlich: Jammern Sie oft?
A Nein, natürlich nicht.
B Weiß nicht, darum mache ich ja diesen Test.
C Jammerer nerven mich.
D Ja, ich gebe es zu: Ich jammere oft.

2. Hat Ihnen schon einmal jemand gesagt, dass Sie zum Psychologen gehen sollten?
A Na, das wäre ja noch schöner.
B Ja, in der Tat, das habe ich schon mal gehört.
C Nein, das traut sich keiner.
D Wieso? Mir geht's gut, aber ich kenne da jemanden, der sollte dringend …

3. Wovon hätten Sie gerne mehr?
A Zeit
B Geld
C Liebe
D Spaß

4. Wie klingt Ihr Lachen?
A Laut und schallend
B Leise kichernd
C Prustend, so als ob ich gekitzelt werde
D Eher gackernd

5. Was haben Sie in den letzten zwei Jahren gemacht?

(Mehrfachnennungen möglich)

A Ein neues Hobby entdeckt

B Bewusst eine Veränderung in meinem Leben herbeigeführt (z.B. neuer Job, neuer Partner …)

C Ein neues Reiseziel für den Urlaub gewählt

D Etwas ausprobiert, das ich noch nie zuvor gemacht habe

E Nichts von alldem

6. Wie zufrieden sind Sie mit Ihrem Leben?

Bewerten Sie folgende Bereiche mit 1 bis 4 Punkten (1 = sehr zufrieden, 2 = zufrieden, 3 = könnte besser sein, 4 = gar nicht zufrieden)

- Liebesleben: …. Punkte
- Karriere: …. Punkte
- Freundschaften: …. Punkte
- Familie: …. Punkte
- Finanzen: …. Punkte
- Gesundheit: …. Punkte
- Freizeit: …. Punkte

  Zusammen: …. Punkte

7. Sie lesen vor Publikum ein selbstgeschriebenes Gedicht vor. Welche Wörter kommen in Ihrem Text vor?

A Bücher, Geheimgang, Lösungswort

B Sturm, Segelboot, Wellenkamm

C Anfeuern, Energie, Ziel

D Abschied, Schwäne, Seerosen

8. Ein Freund spricht über Sie. Was trifft am meisten zu?

A   Mit ihr/ihm kann man sich super unterhalten.

B   Sie/er steckt voller Überraschungen.

C   Sie/er hat vielleicht Power!

D   Ich habe selten so viel gelacht wie mit ihr/ihm.

E   Sie/er versteht mich total.

9. Wenn Ihnen dieser Test attestiert, dass Sie ein Jammerlappen sind: Was dann?

A   Das wusste ich schon zuvor.

B   Ich? Ein Jammerlappen? Wirklich nicht!

C   Ich habe den Test eh nicht ernst genommen, also ist das Ergebnis sowieso nur Quatsch.

D   Na ja, dann muss ich das Buch wohl bis zum Ende lesen.

10. Haben Sie beim Durcharbeiten des Tests gelacht oder gelächelt?

A   Wieso? Ist das wichtig?

B   Ich lache viel und gerne – also auch in den letzten fünf Minuten.

C   Das war soooo offensichtlich, dass ich ständig gelächelt habe.

D   Nein, ich weiß ja eh schon was rauskommt – und das ist gar nicht lustig.

Addieren Sie Ihre Punkte aus jeder einzelnen Frage gemäß der untenstehenden Tabelle. Beispiel: Wenn Sie in Frage 4 »C« angekreuzt haben, sind das 2 Punkte.

	1	2	3	4	5	7	8	9	10
A	3	2	1	1	1	0	2	0	2
B	0	1	2	3	1	1	2	3	0
C	2	2	3	2	1	2	2	2	1
D	1	3	0	0	1	3	3	1	3
E					4		1		

Zu der Punktzahl addieren Sie die Summe aus Frage 6.

Auswertung

Mehr als 40 Punkte: So ein Jammer!

Das Ergebnis bedeutet Alarmstufe Rot: Sie befinden sich bereits im fortgeschrittenen Jammer-Stadium. Könnte es sein, dass Sie Ihr Leben vielleicht einen Tick zu negativ sehen? Was wäre, wenn Sie dem Glück einfach mal eine Chance geben? Das anhaltende Jammern ist ein eindeutiger Indikator dafür, dass Sie etwas verändern sollten.

Zwischen 15 und 39 Punkte: Hin und wieder ein Gläschen Selbstmitleid!

Vielleicht haben Sie sich etwas anderes von diesem Test erwartet. Wahrscheinlich sind Sie es nicht gewohnt, »nur« im Mittelfeld zu rangieren. In diesem speziellen Fall ist das aber gar nicht so schlecht. Denn Sie können zwischen zu viel Jammern und maßvoller »Gesellschaftsjammerei« unterscheiden. Je nachdem, ob Ihr Punktwert eher an der oberen oder an der unteren Grenze angesiedelt ist, sind die folgenden Seiten vielleicht eine wertvolle Orientierung für mehr Jammer-Abstinenz.

Weniger als 15 Punkte: Kaum was zum Jammern!

Ihre gute Laune ist ansteckend. Sie haben eine natürliche und angenehm selbstverständliche Art, mit anderen Menschen umzugehen. Keine Spur von pessimistischer Jammerei, mit denen manche ihre Umwelt nerven. Sie sehen grundsätzlich erst einmal die positive Seite, sei es in Menschen oder Situationen. Zudem haben Sie die Fähigkeit, sich sehr schnell veränderten Rahmenbedingungen anzupassen. Bei Ihnen fühlt man sich schnell wie unter guten Freunden, denen man offen alles erzählen kann. In Ihrer Gegenwart ist man einfach entspannt. Gelegentliche Jammerei können Sie beruhigt unter »Seelenhygiene« verbuchen.

Warum jammern Jammerlappen?

Wenn Sie laut Testergebnis zur Jammer-Fraktion gehören, dann habe ich jetzt eine gute Nachricht für Sie: Sie können nichts dafür! Schuld sind nämlich die Anderen – meistens jedenfalls. Hier ein Musiktipp dazu: »Gebt uns ruhig die Schuld« von den Fantastischen Vier. Und wenn es nicht die Anderen sind, die Schuld haben, dann wenigstens die widrigen Umstände, die Sie in so eine missliche Situation gebracht haben.

Mit dieser Einstellung geben Sie die Verantwortung für das eigene Handeln sozusagen an der Garderobe ab. Jammern ist in diesem Zusammenhang eine Schonhaltung des eigenen Egos. Es schützt vor den Folgen dessen, was man eigentlich ausdrücken möchte. Denn was ist das Gegenteil vom Jammern? Richtig: Alternativen erkennen, neue Wege in Betracht ziehen und sagen, was man wirklich denkt, geradeheraus und unverblümt. Das ist in der Tat ziemlich gefährlich, denn Kritik, also eine andere Perspektive, enthält in der Regel Fakten und konkrete Hinweise darauf, was sich ändern müsste. Das ist beim Jammern nicht der Fall.

Ein kleiner Ausflug in die Neurologie vermag zu erklären, warum das Jammern dazu neigt, sich mit der Zeit zu verselbstständigen: Der Gehirnforschung ist heute bekannt, welche Areale im Gehirn wofür zuständig sind und wie sie auf äußere Reize reagieren. Glück zu empfinden, ist beispielsweise an anderer Stelle verortet als Jammern, und Liebe anderswo als Wut. Hirnareale, die öfter beansprucht werden, wachsen und bilden stärkere neuronale Verbindungen aus. Daraus entstehen Muster, die es dem Gehirn ermöglichen, auf neue Reize möglichst schnell und effektiv zu reagieren. Lassen Sie uns die Gründe für die Jammerei genauer anschauen:

Das Umfeld: Sie haben es sich von den anderen abgeschaut

In der Schweiz gibt es das Appenzellerland – ein Paradebeispiel für Tradition. Idyllisch liegt der kleine Kanton zwischen Bodensee und Säntis und wirkt auf Außenstehende wie ein Naturmuseum. Bauernhöfe und Weiden sind locker über Hügel und in Täler verstreut, so als ob sich der liebe Gott hier eine Modelleisenbahn-Landschaft erschaffen hätte. Dort werden Kinder meistens mit dem Postbus eingesammelt und in die Schule gefahren. Interessant zu sehen ist, in welcher Körperhaltung die Jungs auf den Transport warten. Leicht bucklig, die Hände tief in den Taschen, das Haupt gesenkt – als hätten sie seit Jahrzehnten Holz von den Bergen in die Täler geschleppt. Woher sie diese Haltung wohl haben? Natürlich von ihren Vätern und Großvätern! Ein richtiger Appenzeller steht so da, keine Diskussion. Und wenn sie später in die Städte ziehen, richten sie sich automatisch wieder auf. Das Umfeld prägt ihre Haltung und ihr Verhalten.

Sie kennen bestimmt den Anblick und den Klang kindlichen Gejammers. Ich meine nicht die Kinder, die hin und wieder meckern, seufzen oder unzufrieden sind. Und die man dann – nota bene – auch gerne tröstet. Ich meine die Kleinen, die permanent etwas zu jammern haben und sich motzend in Szene setzen. Die Rotznasen mit dem fordernden Unterton. Die Kinder, die erkennbar gar nicht leiden, sondern genau wissen, dass sie mit ihrem nervigen Gejammer etwas erreichen können. Mögen Sie die? Ich nicht. Haben Sie auch mal deren Eltern genauer angeschaut? Ich schon. Und dabei ist mir aufgefallen, dass stänkernde Kinder meistens mehr oder weniger überforderte Eltern haben. Es scheint, als wäre das ganze Familiensystem vom Jammervirus befallen.

Den Gegensatz dazu bilden die entspannten Eltern, deren Fokus nicht auf dem eigenen Nachwuchs liegt und die Verantwortung auf ihre Kinder übertragen. Letzten Sommer habe ich mit einem Freund den Nachmittag am Zürichsee verbracht. Wir saßen in einem lauschigen Gartenrestaurant und konnten wunderbar reden, weil sein 2-jähriger Sohn mit sich selbst beschäftigt war. Zuerst hat er am Boden mit Kieselsteinen gespielt, ohne dass jemand permanent gerufen hat:»Nein! Nicht in den Mund! Lass die Steine ...!« Und dann entdeckte er das ungesicherte Mäuerchen, das erwachsene Menschen rund zwei Meter über dem Wasserspiegel zum Verweilen einlädt. Er steuerte direkt darauf zu. Ehrlich gesagt war mir ein wenig mulmig zumute. Ich sagte laut:»Pass auf, dein Sohn! Er kann doch noch nicht schwimmen!« Völlig entspannt antwortete der Vater:»Ach weißt du, er kennt sich da aus. Ich nehme ihn oft zum Fischen mit, und er weiß, dass er nicht alleine ans Wasser soll.« Natürlich gibt es Menschen, die würden dieses Verhalten als verantwortungslos bezeichnen. Ich finde, genau das Gegenteil ist der Fall. Der Vater hatte Vertrauen in sein Kind, ließ es Erfahrungen machen und lehrte es, selbst Verantwortung zu übernehmen. Und jetzt raten Sie mal, ob sein Kind viel jammert oder zufrieden und ausgeglichen ist.

AD(H)S-Syndrom: Sie haben gelernt, dass es für das Jammern mehr Aufmerksamkeit gibt

Wir alle kommen *jammernd* auf die Welt. Weil bei Babys fast alles niedlich und süß ist, funktioniert das mit dem Jammern auch anfangs ziemlich gut. Solange die Kleinen noch nicht über einen umfangreichen Sprachschatz verfügen, setzen sie Jammerlaute ein, um auf sich aufmerksam zu machen. Und wenn sie die Erfahrung machen, dass Jammern zuverlässig zum Erfolg führt, nutzen Kinder diese Strategie auch weiterhin. Sie sind ja nicht blöd.

Es ist ein weit verbreiteter Irrtum, dass sich das Jammern mit dem Alter verwächst. Mit der klinischen Diagnose AD(H)S hat das natürlich nichts zu tun. Dennoch wird Jammern aus Bequemlichkeit sorgsam kultiviert und dem Heischen nach Aufmerksamkeit gleichgesetzt. Problematisch wird es, wenn Kinder sich allein durch fantasievolles Gejammer in den Mittelpunkt stellen und selbst vor falscher Verdächtigung nicht zurückschrecken.

Anderen die Schuld zuzuschreiben, geht nämlich viel einfacher, als Verantwortung für das eigene Handeln zu übernehmen. Dabei kommen (nicht nur Kinder) auf die Idee, dass intensives Beklagen beim Umfeld Beschützerinstinkte weckt. Deshalb jammern manche Menschen auch, um sich von der grauen Masse abzuheben. Wer keinen interessanten Job oder kein gravierendes Gesundheitsproblem hat, nutzt das Nölen, um im Mittelpunkt zu stehen und so endlich auch einmal Aufmerksamkeit zu bekommen.

Die Opfer-Strategie: Sie haben gelernt, dass Trost gespendet wird, wenn man das Leid verbalisiert

Kennen Sie den Begriff »Spiegelneuronen«? Ein Spiegelneuron ist eine Nervenzelle, die im Gehirn beim Betrachten eines Vorgangs dasselbe Aktivitätsmuster zeigt wie bei der Ausführung des Vorgangs durch den Betrachter. Sie kennen das vom Gähnen. Es kann phänomenal ansteckend sein. Jemand im Raum beginnt zu gähnen, und schon machen (fast) alle anderen mit. Auch Geräusche, die durch früheres Lernen mit einer bestimmten Handlung oder einem Gefühl verknüpft werden, verursachen bei einem Spiegelneuron dasselbe Aktivitätsmuster wie die tatsächlich ausgeführte

Handlung. Mit andern Worten: Wir haben die Fähigkeit, mit- oder nachzufühlen.

Spiegelneuronen ermöglichen auch, die Ziele und Intentionen von anderen zu interpretieren. Wenn man die Bewegung, Mimik, Gestik oder Körpersprache seines Gegenübers wahrnimmt, kann man sie in seinem eigenen motorischen System simulieren. Dadurch kann man eher verstehen, wie sich die Situation anfühlt und was in der anderen Person vorgeht. Doch aufgepasst: Die Neuronen sind lediglich in der Lage, das zu spiegeln, was ich sehe: Sie können zwar die genauen Bewegungen wiedergeben, nicht aber die Absicht, die dahintersteht. Denn aus dem, was man sieht, kann man nicht unbedingt auf die Ziele und Motive seines Gegenübers schließen.

In den Medien werden Spiegelneuronen oft mit Empathie in Verbindung gebracht. Tatsächlich ist das Prinzip ähnlich. Handele ich empathisch, simuliere ich, wie es einem anderen Menschen geht. Wenn jemand Schmerzen hat, dann aktiviere ich Areale in meinem Gehirn, die auch bei selbst gespürten Schmerzen aktiviert würden. (Das sind zwar andere Bereiche als die motorischen Areale der Spiegelneuronen, das Prinzip ist jedoch dasselbe.) Und genau darauf zielt der geschickte Jammerer ab: Er stellt seine »Schmerzen« (Jammergründe) so realistisch dar, dass er dadurch bei seinen Mitmenschen das »Mitfühlen« aktiviert.

Haben Sie auch schon mal einen ausgewachsenen Elefanten gesehen, der an einem kleinen Pflock angekettet war und sich nicht aus dem Staub machte, obwohl er es von der Kraft her locker gekonnt hätte? Wissen Sie, weshalb er es NICHT tat? Weil er glaubte, er sei hilflos. Schon als Baby wurde er angekettet und hatte damals noch nicht die Kraft, sich zu befreien. Er hat also die Erfahrung gemacht, dass der Pflock stärker ist als er. Diesen Glauben hat er fest installiert. Ähnlich lernen auch wir Menschen, uns hilflos zu fühlen. Wir glauben, dass wir uns aus schwierigen Situationen nicht befreien können. Doch wie bereits erwähnt: Was wir lernen, können wir auch wieder ver-lernen. Wenn wir hingegen einfach anderen die Schuld an unserer Situation geben, dann geben wir ihnen Macht über uns. Und dabei entmachten wir uns und werden – selbstgewählt – zu Opfern.

Selbstverständlich: Es gibt sie, echte Opfer. Menschen, die ihren Arbeitsplatz verloren haben, weil der Betrieb Kosten sparen wollte, Menschen, die schwer krank sind, etwas Traumatisches erfahren oder einen Angehörigen verloren haben. Dass wir Opfer von Angriffen, Verletzungen oder Enttäuschungen werden, können wir nicht verhindern. Wir haben allerdings einen Einfluss darauf, wie wir damit umgehen, wie wir darauf reagieren. Jammern hilft langfristig nicht, es verschafft höchstens kurzfristige Linderung. Und diese wiederum ist ein reiner Trostpreis.

Eigenverantwortung vermeiden: Sie haben Strategien entwickelt, um keine Verantwortung zu übernehmen

Wie sieht es bei Ihnen aus? Übernehmen Sie Verantwortung für Ihr Leben oder fühlen Sie sich eher als Opfer der Umstände? Vielleicht beginnen wir einmal damit, Eigenverantwortung zu definieren. Das ist relativ einfach: Eigenverantwortung bedeutet, aus seinem Leben, mit all seinen Höhen und Tiefen, das Beste zu machen. Allerdings ist das Einfache oft unendlich schwer umzusetzen.

Zur Eigenverantwortung gehört es beispielsweise, zu seinen Fehlern zu stehen und mit deren Konsequenzen zu leben. Das ist unangenehm, und deshalb wünschen sich viele Menschen ab und zu, nochmal Kind sein zu dürfen. Aber erwachsen zu sein bedeutet, unabhängig von der Erziehung der Eltern, sein Leben allein auf die Reihe zu bekommen. Zugegeben, das ist nicht immer leicht – aber wenn Sie ein eigenverantwortliches Leben führen wollen, ist es unumgänglich.

Ich vergleiche »Eigenverantwortung« gern mit einem Kartenspiel. Es gibt gute und schlechte Karten, mit denen man ins Spiel (also ins Leben) startet – und es hängt vom Talent des einzelnen Spielers ab, was er daraus macht. Deshalb ist ein gutes Blatt nicht unbedingt eine Garantie dafür, zu gewinnen. Ebenso wie schlechte Karten nicht zwingend eine Niederlage bedeuten.

Vor einigen Jahren besuchte ich eine Herbstmesse. Ich drehte mit versteckter Kamera ein Video und suchte zu Trainingszwecken schlechte Beispiele in Bezug auf Verkaufsverhalten. Als ich kurz nach draußen ging, stieg mir der Duft von Raclette in die Nase. Dazu müssen Sie wissen, dass der Verzehr des ersten Raclettes der Saison für einen Schweizer immer ein besonderer Moment ist. Hinter dem Tresen eines Imbisswagens stand ein netter junger Mann und bediente mich. Als er den wunderbar duftenden Schmelzkäse zu mir hinüberschob, grinste er mich mit breitestem Lächeln an und sagte: »Raclette macht Durst. Ich habe Bier hier. Möchten Sie ein oder zwei?« Ich war platt. Nach all den schlechten Beispielen passiver Verkäufer in der Halle so ein Sonnenschein im Freien! Raten Sie mal, was ich genommen habe. Natürlich zwei. Das kostete mich 8 Franken, und ich gab noch 2 Franken Trinkgeld – vor lauter Freude. Eine Win-Win-Situation nennt man das. Währenddessen standen in der Halle die meisten Standbesitzer gelangweilt herum, schauten in kurzen Abständen auf die Uhr, kauten aufgeweichte Erdnüsse aus Plastikschalen und klagten über die Wirtschaftskrise, die ausbleibende Kundschaft, die vielen Mitbewerber und das ungünstige Wetter.

Wer sich als Opfer der Umstände oder anderer Menschen sieht, hat es aufgegeben, eigenständig zu handeln und Selbstverantwortung zu übernehmen. »Das Leben ist ungerecht«, hört man sie jammern, »ich kann nichts dagegen tun.« Doch das stimmt nicht. Man kann sehr wohl etwas tun. Der junge Mann am Käsestand ist ein Beispiel dafür! Das Ausschlaggebende ist, dass die Jammerer aufgegeben haben, sich Ziele zu setzen und ihre Träume zu verwirklichen. Vielleicht haben sie noch Wünsche, doch sie bringen nicht die Energie auf, diese zu befriedigen. Denken Sie daran: Träume haben kein Verfallsdatum!

Das Talent, seine Träume zu verwirklichen, fällt einem nicht einfach in den Schoß – man muss etwas dafür tun und darf sich nicht hinter den Umständen verstecken. Die Vergangenheit und ihre Auswirkungen auf unser Leben lassen sich nicht ungeschehen machen. Was wir aber machen können, ist, Verantwortung für unser Leben zu übernehmen und unserer Zukunft eine neue Richtung zu geben (vgl. Kap. 4).

Umgekehrte Psychologie: Alles eine Frage der Perspektive

Umgekehrte Psychologie bedeutet, dass man vorgibt, jemanden von etwas überzeugen zu wollen, was man eigentlich selbst gar nicht will. Ziel ist es, durch seine Argumentation das Gegenteil von dem Geforderten zu erreichen. Ein Manipulationsversuch also.

Kennen Sie die Werbung eines großen deutschen Telekommunikationsunternehmens, bei dem ein Mädchen versucht, seine Eltern zu einem neuen Handy zu überreden? Bei der Mutter versucht es das Mädchen mit Bitten und Betteln – und scheitert. Um den Vater von der Notwendigkeit eines neuen Smartphones zu überzeugen, wendet es »umgekehrte Psychologie« an. »Weißt Du Papa, ich brauche kein neues Handy. Es ist ja egal, wenn ihr mich mal nicht erreicht, weil ich wieder mal keinen Empfang habe. Und dass der Akku so schnell schlapp macht, ist auch kein Problem. Dann laufe ich halt von der Bushaltestelle im Dunkeln nachhause. Was soll mir schon passieren?« Prompt genehmigt der Vater den Kauf eines neuen Handys – was auch sonst?

Szenen wie diese kennen alle Eltern. Und wir alle sind auf »umgekehrte Psychologie« schon einmal reingefallen – und tun es immer wieder. Kaum ein Elternpaar kann diesen Fehler vermeiden: Der pubertierende Sohn oder die Tochter kommen mit der neuen Freundin/dem neuen Freund nach Hause – und die Eltern mögen ihn/sie nicht. Was tun sie also am nächsten Tag? Sie sagen: »Der/die ist nichts für dich!« Bruchlandung! Im Sinne der umgekehrten Psychologie wird der ungewollte Anhang für das eigene Kind besonders interessant. Mit diesem kleinen Ausflug in die Leidensgeschichte von Eltern will ich Ihnen nur eines verdeutlichen: Wir alle lassen uns viel zu schnell manipulieren.

Der Jammerer per se ist auch ein Manipulator. Er lässt beispielsweise andere Menschen Dinge für sich tun – man nennt das »Schonungsjammern« –, um unangenehme Aufgaben nicht selbst erledigen zu müssen. Auch beliebt: Dem anderen übermenschliche Fähigkeiten zu bescheinigen, nur um selbst nichts tun zu müssen. Das ist der »Du-kannst-das-sowieso-besser«-Trick. »Waschmaschine anschalten? Kein Problem, aber beschwer dich nicht, wenn deine weißen Blusen hinterher rosa sind. Du weißt doch, wie ungeschickt ich in diesen Dingen bin ...« Ja, so sind die Jammerer – sie konzentrieren sich gern auf das, was nicht funktioniert. Und davon lässt sich ja bekanntlich immer etwas finden.

Jammern und Klagen verselbstständigen sich

Vielleicht haben Sie ja jetzt den Vorsatz gefasst, künftig weniger zu jammern. Vielleicht haben Sie aber auch bereits festgestellt, dass das »Nicht-mehr-Jammern« schwieriger ist als gedacht. Jammern ist bei Ihnen zu einem Tic geworden und Sie finden den »Aus-Schalter« nicht mehr. Die Erklärung dafür ist relativ einfach: Wenn wir versuchen, bestimmte Gedanken zu verdrängen, passieren zwei Dinge in unserem Gehirn. Der produktive Effekt ist, dass wir bewusst nach Wegen suchen, die das Jammern ausschließen. Wir lassen also Gedanken, die uns früher zum Jammern brachten, nicht zu. Der kontraproduktive Effekt ist, dass unser Gehirn unterbewusst auf Fehlersuche ist. Wir kontrollieren uns also selbst, ob wir auch wirklich nicht ans Jammern denken. Unsere Gedanken kreisen um die Vermeidung. An diesem Punkt müssen Sie sich wohl eingestehen, dass Sie oft unkontrollierter jammern, als Sie vermutet hatten, weil Sie vermutlich an nichts anderes mehr denken können.

Sie kommen aus der Opferrolle nicht mehr raus

Jammerer machen sich selbst zum Opfer – und aus einem Opfer wird nie ein Sieger. Ein Opfer zeichnet sich dadurch aus, dass es sich gern auf vergangene Ungerechtigkeiten beruft. Wer mit seinem Leben nicht zurechtkommt, neigt dazu, anderen die Schuld zu geben: »Meine Mutter ist schuld, weil sie mich nie gestreichelt hat; mein Vater ist schuld, weil er mich immer ignoriert hat.« Solche Verschiebung von Verantwortung leistet dem Jammern Vorschub. Probleme aus der Vergangenheit lassen sich in der Gegenwart nicht lösen, wenn man seine Eigenverantwortung nicht anerkennt und dem Verursacher (also beispielsweise den Eltern) verzeiht. Mit sich selbst und anderen ins Reine zu kommen, ermöglicht einen Neustart.

So oder so: Jammern tut nicht gut und es ist Ihnen klar geworden, dass Sie sich hinterher unter Umständen noch schlechter fühlen als zuvor. Als Opfer Ihrer Jammerei haben Sie Ihr Leben nicht mehr wirklich selbst in der Hand. Für ein bisschen Aufmerksamkeit – und sei es in Form von Mitleid – würden Sie (fast) alles tun. Im Extremfall leiden Sie sogar unter Alzheimer-Jammern. Sie jammern also immer wieder über das Gleiche. Doch Jammern versetzt keine Berge, sondern baut sie auf: Berge von Arbeit und Berge von schlechter Laune, die lange brauchen, bis sie sich abbauen.

Wer jammert, sucht nur nach Problemen und nicht nach Lösungen

Buddha soll einmal gesagt haben: »Unsere Gedanken formen uns; wir werden, was wir denken.« Kreisen die Gedanken stets um das Negative, um die Krisen dieser Welt oder die drohenden Katastrophen im privaten Umfeld, entwickelt sich ein Hamsterrad, das man kaum anhalten kann. Gedankenkarussell nennt man das – und Sie können mir glauben: Das ist schlimmer als Achterbahnfahren. Gedanken, bei denen Sie verweilen, erzeugen weitere, die dieselbe Intention haben. Beim Jammern und Klagen haben die Gedanken eine negative Intention und eine dementsprechende Wirkung.

Jammern bedeutet, über Angelegenheiten zu reden, die uns nicht passen, statt über solche, die uns gefallen. Die Gedanken werden durch Worte mit gleicher Intention formuliert und verstärken wiederum die Gedanken und Gefühle. Dadurch entstehen Probleme und immer mehr Probleme – Lösungen werden nicht gesucht und daher auch nicht gefunden.

Durch Jammern entziehen wir uns selbst und anderen Menschen Energie

Jammern ist auch ein energetisches Problem: So wie gute Laune positiv ansteckend wirkt, erzeugt Jammern rundherum negative Energie. Im Extremfall mündet es in eine negative Lebenseinstellung. Denn wir wissen ja: Gleiche Energien ziehen einander an und gegensätzliche Energien stoßen sich ab. Wenn wir also nicht auf derselben Wellenlänge schwingen, gehen wir uns aus dem Weg. Ein Nicht-Jammerer unter Jammerern wird gern ausgegrenzt. Vorsicht: Jammern Sie nicht über die vielen Jammerer. Sie machen sich damit besonders unbeliebt. Und einsam.

Jammern kann zum subjektiv empfundenen Kontrollverlust über das eigene Leben führen. Aber so weit wollen wir es nicht kommen lassen, denn in den folgenden Kapiteln werden Sie erfahren, welche Wege aus dem Jammertal führen.

Ich jammere, also bin ich

Mit dieser Erkenntnis beginnt die Lösung. Vielleicht haben Ihnen die ersten Kapitel dieses Buches gezeigt, dass Sie auch zur Jammer-Fraktion gehören. Weder sind Sie damit allein, noch ist es wirklich ein Problem. Hier kommt trotzdem die Lösung: Lesen Sie weiter, um Ihren persönlichen Weg aus dem Jammertal zu finden! Je öfter Sie dabei lächeln oder sogar lachen, desto weiter entfernen Sie sich von den ausgetretenen Jammerpfaden und entdecken neue Wege in Ihrer Sprache, in Ihren Gedanken und in Ihrem Umgang mit anderen Menschen.

Der amerikanische Autor Will Bowen beschreibt in seinem Buch *Einwandfrei* vier Stadien der Inkompetenz bzw. Kompetenz, die Sie durchleben werden, bevor Sie ein selbstbestimmtes Leben ohne ständiges Beklagen führen können. Ich habe seine Erkenntnisse mal für das Jammern so uminterpretiert:

- Das erste Stadium heißt UNBEWUSSTES JAMMERN. Da sind Sie gerade – und das Testergebnis von S. 36/37 zeigt Ihnen Ihre Ausgangssituation.
- Das zweite Stadium nenne ich BEWUSSTES JAMMERN. Ist Ihnen schon früher oder sonst vielleicht im Laufe der Lektüre aufgefallen, dass Sie selbst zum Jammern neigen? Ertappen Sie sich selbst dabei und versuchen Sie, solchen Situationen aus dem Weg zu gehen. Das ist der Anfang!
- Das dritte Stadium ist das BEWUSSTE NICHT-JAMMERN. Mit dem Vorsatz allein ist es nicht getan: Nun geht es dem Jammern an den Kragen. Sie verändern Ihre Gewohnheiten und verwenden neue Strategien. Das kann etwas dauern.
- Das vierte Stadium ist das UNBEWUSSTE NICHT-JAMMERN. Am Ende werden Sie das Jammern als Gewohnheit praktisch abgelegt haben und nicht mehr auf jede Steilvorlage des Umfelds hereinfallen. Sie werden sehen, dass das Leben so viel mehr zu bieten hat, als sich Gedanken übers Jammern zu machen.

KAPITEL 3

Raus aus der Jammerfalle mit dem Mut zur Veränderung

Wissen Sie eigentlich, was Sie wollen? Wollen Sie wirklich immer wieder alte Wunden aufreißen? Vergangene Niederlagen stets aufs Neue durchleben? Möchten Sie sich nach wie vor über Dinge aufregen, die Sie eigentlich nichts angehen oder die Sie ohnehin nicht beeinflussen können? Wollen Sie über hypothetische Umstände klagen, die vielleicht nie eintreten werden?

Der größte Irrtum ist es, zu hoffen, dass etwas besser wird, ohne dass man etwas dafür tut. Es braucht klare Vorstellungen und es braucht Energie. Zu kompliziert? Nein, ganz einfach: Es wird sich nichts verändern, wenn Sie es nicht wirklich wollen. Und – was noch wichtiger ist: wenn Sie nicht bereit sind, dafür auch etwas zu tun. Es liegt allein an Ihnen, wie Ihre Zukunft aussieht. Sie justieren Ihren Blickwinkel und entscheiden dadurch, ob Sie mehr glückliche Momente und zufriedene Tage erleben wollen als bisher. Okay, Sie können natürlich auch weiterjammern, nur dann ist eins ganz gewiss: Ihre Welt wird sich nicht ändern!

Wenn Sie jetzt einwenden: »So bin ich halt«, dann halte ich dagegen: »Das stimmt nicht. Sie verhalten sich so. Wenn Sie wollen, können Sie auch anders sein.« Ein statisches Selbstbild schränkt unnötig ein. Leben ist Dynamik, ist ständige Veränderung! Glücklich lebt derjenige, der die Veränderung als Chance wahrnimmt und sie ergreift. Wer sich auf dem persönlichen Status quo ausruht, bleibt stehen. Wenn Sie sich auf die Erweiterung Ihres Verhaltensrepertoires konzentrieren, nehmen Sie den Steuerknüppel Ihres Lebens selbst in die Hand.

Echt jetzt?

»Authentisch« ist ein starkes Adjektiv – ein hoher Anspruch und eine Erwartung, die nur schwer zu erfüllen ist. Sind Menschen, die von sich behaupten »So bin ich halt!«, automatisch auch authentisch? Oder ist alles nur Theater, weil sie das Gefühl haben, *so* sein zu müssen?

Wer viel jammert, dem mangelt es meistens an Authentizität. Denn als »authentisch« gelten meist die Menschen, die mit sich selbst im Reinen sind und an denen jegliches Jammern abperlt. Solche Menschen müssen sich nicht verstellen, weil sie ihre Gefühle zulassen können. Es sind allerdings nur wenige unter uns, die das von sich behaupten können.

Tatsächlich ist es oft einfacher, eine Rolle zu spielen, also so zu agieren, wie man es von uns erwartet oder wie wir uns selbst am liebsten sehen. Wir haben dann das Gefühl, dass unser Leben etwas leichter daherkommt. Waren Sie beispielsweise schon einmal über eine längere Zeit Single? Dann kennen Sie die neugierigen Nachfragen Ihres Umfelds: »Na, hast Du denn gar keine Lust mehr auf eine

Beziehung?« Was liegt da näher, als beispielsweise Folgendes zu antworten: »Beziehung? Ich weiß nicht. Mir geht es gut und ich habe mich super in meinem Leben eingerichtet. Niemand, der mir sagt, was ich tun oder lassen soll. Nein, für mich stimmt es so, wie es ist.« So kann man unangenehmen Nachfragen aus dem Weg gehen und ist nicht gezwungen, seine innersten Gefühlen nach außen zu tragen.

Doch was ist der langfristige Gewinn, wenn wir auf diese Weise reagieren? Kommen wir so leichter durchs Leben? Sicherlich nicht, denn je öfter wir uns gegenüber anderen verstellen und in eine – wie auch immer geartete – Rolle schlüpfen, desto mehr entfremden wir uns von uns selbst. Wir entfremden uns von unseren wahren Gedanken und Gefühlen, ja manchmal sogar von unserem wahren Ich. Denn Veränderungen im Leben herbeizuführen, oder sie zumindest bewusst zuzulassen, setzt eine Kettenreaktion in Gang, die zu mehr Authentizität führt.

- Ein authentischer Mensch kennt seine Stärken und Schwächen ebenso wie seine Gefühle und seine Motive für bestimmte Verhaltensweisen. Erst durch diese Selbstreflexion ist er in der Lage, sein Handeln bewusst zu erleben und zu beeinflussen.
- Authentisch zu sein bedeutet auch, der Realität ins Auge zu schauen. Manchmal gehört es dazu, Kritik interessiert und offen anzunehmen.
- Ein authentischer Mensch hat keine Angst, sich unbeliebt zu machen. Er steht zu seinem momentanen Zustand.

Wollen Sie ein authentisches Leben führen? Dann lautet Ihre erste Aufgabe: Finden Sie heraus, wie Sie sich in gewissen Situationen verhalten, weshalb Sie es tun und ob es sich langfristig lohnt. Sie werden erstaunt sein, wie viel Neues es zu entdecken gibt.

Wer sind Sie wirklich?

Selbsterkenntnis ist ein Thema, mit dem sich Psychologen und Philosophen seit jeher beschäftigen. In erster Linie bedeutet es, den Blick nach innen zu richten und so herauszufinden, wer man wirklich ist. Ganz einfach? Nein, unendlich schwer. »Erkenne Dich selbst!« ist ein langer und intensiver Prozess. Schmerzlich manchmal – aber immer befreiend und erkenntnisreich. Selbsterkenntnis bedeutet, mehr über die eigenen psychischen Fähigkeiten, Möglichkeiten und Realitäten herauszufinden. Aber weil Selbsterkenntnis etwas ist, das Sie nur mit sich alleine ausmachen können, ist sie so beschwerlich.

Vor der Selbsterkenntnis steht die Eigenbeobachtung. Beobachten bedeutet, etwas mit Achtung zu betrachten – und zwar ohne zu bewerten. Und genau das ist schwierig, weil wir mit allerlei Einschränkungen groß geworden sind. Kennen Sie auch diese wohlgemeinten Floskeln, die ehrliche Erkenntnis verhindern? »Denk nach …« (verhindert zumeist spontane, ehrliche Äußerungen oder richtet den Spiegel nach hinten) oder »Stell Dir vor … « (provoziert oft ängstliche Zurückhaltung, weil die Phantasie facettenreicher ist als die Realität).

Zur Selbsterkenntnis gelangen Sie nur, indem Sie anfangen, über sich selbst nachzudenken, und das Bild, das Sie von sich selbst haben, kritisch zu hinterfragen. Selbsterkenntnis setzt ein gewisses Selbstbewusstsein voraus – und die Fähigkeit, sich selbst mit einer gesunden Distanz zu betrachten. Das ist besonders schwer, weil jeder von uns im Leben gleich mehrere Rollen spielt, die ein Bild vermitteln, wie wir oder andere es gerne sehen oder wie es gerade zu den Umständen passt. Gegenüber Ihren

Eltern sind Sie ein Leben lang Kind. Für Ihre Kinder wiederum werden Sie immer Eltern bleiben. Im sozialen Umfeld sind Fürsorge und Anteilnahme gefragt. Im Beruf sind Sie vielleicht tough und karrierebewusst, gegenüber Ihren Partnern indessen verständnisvoll und konsensorientiert. Deswegen sind Sie nicht schizophren. Sie passen einfach Ihr Verhalten (dem Rollenverständnis) an. Ist doch prima – solange Sie dabei Ihre echten Gefühle nicht verleugnen. Selbsterkenntnis erfordert, diese verschiedenen Rollen und Erwartungen und das eigene Verhalten kritisch zu hinterfragen und – falls notwendig – auch zu revidieren. Dabei wird Ihnen bewusst, wie viel Selbsttäuschung Ihr bisheriges Ich enthält.

Die gute Nachricht: Dafür, dass Ihr Ego nicht so ist, wie Sie bislang dachten, sind Sie ausnahmsweise mal nicht verantwortlich – jedenfalls nicht allein. Denn wir lernen von klein auf, nur ein bestimmtes Bild von uns zu zeigen. Das ist auch völlig in Ordnung, denn wo kämen wir hin, wenn jeder Mensch ganz offen und ehrlich sagte, was er denkt und fühlt? Schon als Kinder haben wir erfahren, dass man weiter kommt, wenn man den Erwartungen des Umfelds entspricht. Dafür gibt es Applaus, Lob und Zuspruch. Das Problem daran: Irgendwann glauben wir selbst, dass wir sind, wie wir uns geben. Der Weg zurück zum eigenen Ich ist dann entsprechend schwer.

Es könnte natürlich sein, dass Sie denken: Das ist nichts für mich! Schade, denn mit sich selbst im Reinen zu sein, ist unheimlich entspannend. Eine Person zu sein, die sich rundum wohlfühlt, weil sie ihre Stärken kennt und über ihre Schwächen mit einem Lächeln hinwegsieht, ist das Ziel der Selbsterkenntnis. Und jetzt raten Sie mal, wer weniger Grund zum Jammern hat?

Leben ist Dynamik

Der Jammerer per se ist ein Faultier. Er hängt den ganzen Tag träge herum und wartet auf einen Grund, endlich mal wieder zu jammern. Wie viel anders wäre es doch, wenn er seinem Leben mehr Dynamik und Schwung verordnen würde? Allerdings müsste er sich dazu in Bewegung setzen und wirklich etwas verändern. Erinnern Sie sich noch, dass ich versprochen habe, dass Veränderung ganz einfach geht?

Bevor Sie Veränderungen herbeiführen, sollten Sie lernen, loszulassen. Damit sich das nicht zu esoterisch anfühlt, gibt es zur Einstimmung eine nette Geschichte: Ein berühmter Professor besuchte einst einen Zen-Meister in der Hoffnung, bei ihm die wahren Geheimnisse der Meditation und Entspannung zu erfahren. Der Meister forderte den Professor auf, zunächst eine Tasse Tee mit ihm zu trinken, und schenkte aus einer großen Kanne ein. Er schien dabei gar nicht zu bemerken, dass die Tasse des Professors immer voller wurde und schließlich überzulaufen begann. Als bereits das ganze Tischtuch überschwemmt war, konnte der westliche Gast nicht mehr an sich halten und sagte: »Sehen Sie denn nicht, dass meine Tasse schon längst randvoll ist?« – »Genau«, antwortete der Zen-Meister ganz ruhig. »Und so sieht es auch in deinem Kopf aus: Er ist randvoll mit Gedanken und Erklärungen. Bevor du ihn nicht leergemacht hast, werde ich dir nichts Neues geben können.« Fertig? Gut, dann können wir ja jetzt anfangen.

Beschäftigen wir uns zunächst einmal mit Gefühlen: Es gibt gute und schlechte – solche, die uns aufbauen, und solche, die uns zu Boden drücken. Wie sieht das in Ihrem Leben aus? Kennen Sie beispielsweise echte Glücksgefühle? Können Sie aus vollem Herzen lachen? Sind Sie in der Lage, Menschen mit einem offenen Blick entgegenzutreten, ohne Hintergedanken? Wenn Sie über Ihr Leben nachdenken, über alles, was Sie erreicht haben: Spüren Sie dann Glück? Oder empfinden Sie Anstrengung und Last? Wovon ich spreche, sind Glücksgefühle, die wie Brausepulver im Bauch kribbeln, hinten den Nacken raufkriechen, die Ihre Augen zum Leuchten bringen und die Stimme eine Oktave höher werden lassen.

Wenn Sie sich nicht mehr erinnern können, wann Sie sich zum letzten Mal so gefühlt haben, dann wird es Zeit, Ihren Emotionen ein wenig auf die Sprünge zu helfen. Um wieder Gefühle zu erkennen, müssen wir sie zulassen.

Sind Sie noch fremdgesteuert oder fahren Sie schon selbst?

Natürlich läuft im Leben nicht alles glatt, und manche Menschen können und wollen das nicht wahrhaben. Sie suchen den Fehler gern bei anderen – zur Not auch bei den Umständen. Doch Fehler sind nicht falsch, man kann ja bekanntlich auch daraus lernen. Fehler als »Ereignis« hin- und vor allem anzunehmen, zeugt von Größe und Selbsterkenntnis. Wer sich allerdings stets als Opfer der Umstände sieht, dem ist das Jammern näher als die Selbsterkenntnis.

Wir bewegen uns hier auf einem ganz schmalen Grat. Was ist wohl sinnvoller: sich selbst Mut zu machen durch allerlei »Du schaffst das!«-Parolen oder sich aufzurütteln durch verschiedene »Worst-Case«-Szenarien? Keines von beidem! Gehen Sie versuchsweise einen neuen Weg – und zwar im Sinne von »Ich lese hier jetzt einfach mal weiter und vielleicht kann mich der Autor ja überzeugen, dass es ziemlich einfach und lohnenswert ist, Sichtweisen zu ändern und Verhalten anzupassen.« Denn es ist in der Tat nur ein »Etwas«, das sich ändern muss – der Rest folgt von ganz allein und oft kaskadenmäßig. Finden Sie Ihren persönlichen Trigger, der letztlich ein ganzes Räderwerk in Schwung bringt.

Kleiner Test: Wissen Sie noch, wie der Kaffee (wahlweise der Tee) heute Morgen geschmeckt hat? Nein? Damit sind Sie vermutlich nicht allein. Denn die meisten Menschen schalten schon morgens auf »Autopilot«. Das bedeutet, sie sind gedanklich und emotional nicht bei dem, was sie gerade tun. Wenn der Wecker klingelt, sind sie gedanklich schon im Bad. Wenn Sie unter der Dusche stehen, denken sie bereits daran, Kaffee zu kochen. Wenn sie den Kaffee trinken, spüren sie schon den Stress: »Ich muss gleich los. Hoffentlich ist kein Stau. Heute muss ich pünktlich sein!« Im Hier und Jetzt den Kaffee und die persönliche Freiheit zu genießen, gelingt den wenigsten Menschen. So früh morgens schon gar nicht.

Der Autopilot hat allerdings mehrere Funktionen; das Szenario gerade eben schildert die Funktion »Zukunft«. Es gibt aber beispielsweise auch die Funktion »Vergangenheit«. Die tritt oftmals am Nachmittag auf, unmittelbar vor dem wohlverdienten Feierabend: Eigentlich könnten Sie sich bereits auf die freie Zeit freuen und leichten Fußes das Büro verlassen. Und was tun Sie? Auf der Heimfahrt grübeln Sie über das Gespräch mit dem Chef nach, das Sie am Morgen hatten, ärgern sich über die Qualität des Mittagessens in der Kantine und stöhnen über die wachsenden Aktenberge, die Sie nie und nimmer bewältigen können.

Was ist die tatsächliche Funktion eines Autopiloten? Man kennt dieses Gerät aus der Fliegerei. Der Pilot übergibt das Kommando der Elektronik. Und zwar genau nach den Vorgaben, die er zuvor festgelegt hat. Abweichungen sind unerwünscht.

Was im Cockpit eines Flugzeugs nützlich ist, kann sich im wahren Leben als Hindernis erweisen. Wer in seinem Leben auf ein hohes

Maß an Beständigkeit baut, der bewegt sich wie auf Schienen. Die »Schienen« sind in diesem Fall vorgefertigte, über Jahre erprobte Verhaltens- und Glaubensmuster, die auch bei Problemen immer den gleichen Weg der Lösung vorsehen. Veränderungen sind nicht willkommen. Wenn dann alles genau so kommt wie vorhergesehen und geplant, ist es irgendwie auch langweilig. Und wenn es nicht so kommt, wenn etwas Unvorhergesehenes passiert, herrscht gleich Panik.

Also: Was wäre, wenn Sie jede Situation als gesunde Herausforderung ansehen? Ja, sich bewusst vornehmen, eben mal nicht nach Schema F zu agieren? Wenn Sie anstatt: »Achtung! Gefahr! Kopf in den Sand!« zum Beispiel: »Welcome challenge!« denken würden? Neue Situationen empfinden wir oft als schwierig und verfallen deshalb gern und schnell in alte Rollenmuster. Das kann umso leichter passieren, wenn der Autopilot an ist. Deshalb ist es wichtig, die Sinne für Neues offen zu halten und das Ruder wieder selbst in die Hand zu nehmen. Die Zukunft wird garantiert farbiger und spannender.

Keine Angst vor neuen Erfahrungen

Nach meiner Skiakrobatikzeit lebte ich meine sportliche Leidenschaft als Windsurfer aus. Bei windigem Wetter konnte ich mich kaum noch auf mein Studium konzentrieren. Ich wollte nur noch aufs Wasser. Das hat mir viel Freude und gleichzeitig auch einige Probleme beschert. Sie wissen schon, notenmäßig und so. Doch die Verbundenheit mit der neuen Sportart und gleichzeitig Teil der Szene zu sein wurde für mich zu einer neuen Identität: »Ich bin ein Windsurfer. Alles andere ist falsch und interessiert mich nicht.« So lautete seinerzeit mein Credo. Mit Shorts, Neopren-Shirt, ein paar Boards, Segeln und sonstigem Material verbrachte ich 1990 einen tollen Sommer in Hood River, Oregon. »Life begins at 40 knots« und »Just say no to 5.0« (das können nur Windsurfer verstehen, sorry) waren die heiligen Botschaften. Das Leben war perfekt – solange es Wind gab.

Es gab auch die anderen Tage – die depressiven. Null Wind. Flaute. Auf dem Wasser und in den Köpfen. Das war gar nicht gut. Die Stimmung im Städtchen war am Boden, gelangweilt lungerten die Adrenalinjunkies herum. Und dann kam – völlig unerwartet – die Wende. Fast wie eine Offenbarung.

»C'mon guys, let's go and play golf«, schlug uns der braungebrannte, supertalentierte und allseits bekannte Surfer Rodney vor. Golf? Öhhmm? Ich hatte keine Ahnung. Eher eine intuitive Ablehnung. Golf? Dieser Altherren-Sport? Sind das nicht die, die in karierten Hosen und mit dicken Bäuchen in engen Lacoste-Shirts in kleinen elektrischen Karren auf dem kurzgeschnittenen Rasen herumirren und versuchen, eine kleine weiße Kugel Richtung Fahne zu schlagen, während sie kubanischen Zigarrenrauch unter Ihre bestickten Schirmmützen blasen? Hör auf! Ist doch lächerlich! Schau sie dir an!

Nun – ich ging halt trotzdem mit. Langweiliger als unten am spiegelglatten Fluss konnte es ja wohl nicht sein. Das Sekretariat des Clubs schloss um 17 Uhr und bis 21 Uhr war es hell genug, um über den Platz zu gehen. Rodney wartete bis 17:15 Uhr, bevor wir offiziell parkten; ein paar Minuten später schlug er am Tee 1 ab für eine Gratisrunde. Mit uns als Zuschauern. To make a long story short: Ich war fasziniert. Den ersten Ball schlug er rund 200 Meter weit. Unglaublich – dabei sah das Ganze so elegant aus. Er hat sich einfach gedreht, aufgezogen, durchgeschwungen und endete stolz in einer malerischen Pose. Ein Surfer. Ein Golfer. Mein Freund. Ich hatte eine neue Herausforderung entdeckt.

Und so begann ich mich auch auf die Tage zu freuen, an denen es keine starken Winde gab. Ehrlich gesagt erwartete ich sie sogar mit mehr Spannung. Surfen konnte ich ziemlich gut, vom Golfspiel hatte ich keine Ahnung. Also war der Reiz auch etwas größer. Auf dem Flohmarkt erstand ich für 25 Dollar einen Satz rostige Eisen (3-SW, Blades) und drei alte Titleist-Hölzer, ebenfalls mit rostigen Schäften, weil sie ein entnervter Pro in einen See geschmissen hatte. Später sollte ich solche Ausraster verstehen.

Für weitere 5 Dollar nähte mir ein Hippie-Girl einen Quasi-Golfbag, und mit meinen Neoprensocken, die auf Distanz wie Golfschuhe mit schwarzen Socken aussahen, hatte ich eine komplette Ausrüstung zusammen. Und nach 17:15 gingen die Trainingsrunden los – ohne Kenntnis von Griffen, Regeln und Etikette. Ich war – wenn auch etwas unkonventionell – in einer neuen Szene angekommen.

Der Kauf der ersten richtigen Golfschuhe und assortierten Kragenshirts hat mich etwas Überwindung gekostet, denn Surfer tragen ... halt andere Uniformen. Doch auf das erste eigene richtige Schlägerset war ich fast ebenso stolz wie auf das erste Surfboard. Zurück in der Schweiz absolvierte ich die offizielle Platzreifeprüfung und trat einem Club bei. Bald ein Vierteljahrhundert spiele ich nun Golf. Wer hätte das damals gedacht? Sicher nicht wir Andersdenker. Doch wissen Sie was? Viele meiner ehemaligen Freestyle-Freunde schlagen in ihrer Freizeit inzwischen ebenfalls kleine, weiße Bälle durch die Gegend. Das beruhigt mich. Auch die alten Freaks haben verstanden, dass Grenzen nur in unseren Köpfen vorhanden sind. Dass wir uns selbst beschränken, wenn wir uns einfach und unreflektiert hinter Überzeugungen verschanzen. Wenn wir andere Szenen verspotten, nur weil sie uns fremd sind, dann verpassen wir unter Umständen tolle und überraschende Erfahrungen. Und ich habe in all den Jahren übrigens durchschnittlich nicht mehr Idioten auf den Fairways getroffen als früher auf dem Wasser. You only see, what you wanna see ...

Veränderungen beginnen im Kopf

Die Gedanken sind frei – oder etwa nicht? Sie können denken, was Sie wollen. Niemand kann Ihre Gedanken hören, Gedanken kann man nicht anfassen, und niemand kann sie einem wegnehmen oder verbieten. Das macht sie so wertvoll und einzigartig.

Dass Gedanken frei sind, ist übrigens keine neue Idee. Ein Volkslied mit diesem Titel wurde vor über 200 Jahre geschrieben und gilt bis heute als geradezu revolutionär. Die erste Strophe lautet:

> *Die Gedanken sind frei*
> *wer kann sie erraten?*
> *Sie fliehen vorbei*
> *wie nächtliche Schatten.*
> *Kein Mensch kann sie wissen,*
> *kein Jäger erschießen*
> *mit Pulver und Blei:*
> *Die Gedanken sind frei!*

Was lernen wir daraus? Gedanken sind unser ureigener Besitz, die Privatsphäre par excellence. Und: Gedanken sind Kopfsache, manchmal auch Kopfkino und auf alle Fälle urheberrechtlich geschützt. Der Spruch: »Zwei Dumme – ein Gedanke« stimmt nicht, denn Gedanken sind einzigartig. Immer.

Das Dumme und zugleich das Gute an Gedanken ist, dass sie sich beeinflussen lassen. Dumm, weil Begegnungen mit anderen Menschen Einfluss auf unsere Gedanken haben – sie können zum Beispiel eine gute Stimmung in Nullkommanichts zerstören. Das Positive an der Beeinflussungsmöglichkeit von Gedanken ist, dass wir sie bewusst steuern können. Das nennt man »Denken«. Denken ist lediglich unsere Entscheidung, also der von uns gewählte Prozess, wie wir mit vorhandenen Gedanken umgehen und wie wir sie priorisieren. Wenn das nämlich nicht so wäre, dann könnten wir ja unsere Meinung nicht ändern, nicht auf neue Ideen kommen, uns nicht inspirieren lassen oder Hoffnung schöpfen.

Wenn wir jetzt zu ergründen versuchen, welche Macht die Gedanken haben und welchen Einfluss auf unser Leben, kann es sein, dass wir enttäuscht werden. Enttäuscht, weil wir feststellen werden, dass unsere Gedanken doch nicht sooo frei sind, wie wir bisher dachten. Denn es ist die Lebensgeschichte, die Gedanken mit Inhalt und Erkenntnis füttert. Demnach glauben wir an gewisse Dinge und verwerfen andere Ideen, weil sie nicht zu unseren Erfahrungen und unserem Standpunkt passen. In unserem »Gedankenschema« sortiert sich Gleiches zu Gleichem. Daraus resultiert der Blickwinkel, mit dem wir neue Erkenntnisse emotional bewerten. Und gemäß dem Grundsatz »Wie innen, so außen« spiegeln sich unsere Gedanken in unserem Verhalten wider, also in dem, was wir sagen, wie wir uns bewegen, was wir tun oder lassen, in der Körpersprache, Gestik und Mimik und so weiter und so fort. Glück, Zufriedenheit, Erfolg und der Verzicht auf Jammerei haben ihre Wurzeln im richtigen Denken.

Und »richtig« denken heißt positiv denken. Jaja, Sie denken jetzt an das halbvolle Glas und so. Ich meine aber eher: die Machbarkeit in den Vordergrund rücken. Dafür werden Sie nicht automatisch mit einem Lottogewinn oder einem Traumprinzen oder einer Prinzessin belohnt. Ihr Leben wird sich nicht schlagartig verändern, doch ziemlich sicher entscheidend verbessern. Und zwar einfach dadurch, dass Sie sich bewusst entscheiden, Verantwortung für das Sortieren Ihrer Gedanken zu übernehmen.

 Übung: Positive Ausstrahlung trainieren

Stellen Sie sich vor, Sie besuchen eine Veranstaltung (Elternabend, Vernissage o.ä.), bei der Sie niemanden näher kennen. Sobald Sie den Raum betreten, haben Sie das Gefühl, alle starren Sie an. Programmieren Sie sich vorher positiv: »Diese Menschen werden sich freuen, dass ich auch hier bin. So wie ich möchten auch sie einen netten Abend verbringen. Wenn ich höflich und nett auf andere zugehe, werden sie auch nett und freundlich zu mir sein. Das wird ein angenehmer Abend.« Allein durch dieses innere Mantra verändert sich Ihre Ausstrahlung und Sie wirken sympathisch und offen.

Ihre Gedanken sind frei und können Altlasten und Grauschleier überlagern, die das ewige Jammern hinterlassen hat. Zeichnen Sie für Ihr Glück verantwortlich. Ergreifen Sie die Chance, etwas ganz Neues zu denken, in dem das Jammern keine Rolle mehr spielt.

Eine kleine Gedankenschule

Es wäre natürlich toll, wenn die letzten beiden Seiten bereits Wirkung zeigten – so als ob Sie Ihr Leben lang auf nichts Anderes gewartet hätten als auf diese Erkenntnis. Doch so ist es leider nicht. Sie können nicht einfach sagen: »Negative Gedanken raus – positive Gedanken rein.« Schön wär's ja, wenn es so einfach ginge. Aber wir haben leider keine »undo-« oder »delete-« oder »erase-« Taste an oder in unseren Köpfen. Ausgesprochene Worte können nicht zurückgenommen werden und einmal gedachte Gedanken auch nicht. Doch unsere gewohnten Gedankengänge können immerhin von neuen überlagert werden. Allerdings sind Gedanken tief verwurzelt – wie ein Baum in der Erde – und es braucht viele Aha-Erlebnisse, um wirklich frei im Kopf zu werden und sich Neuem zuzuwenden.

Wie die Gedanken Ihren Körper steuern, ist hinlänglich bekannt. Nehmen wir einmal an, Sie neigen dazu, in unangenehmen Situationen rot zu werden. Sie werden rot, weil Ihr Gesicht mehr durchblutet wird. Dafür gibt es keinen organischen Grund. »Schuld« sind die Gedanken, die die Situation als unangenehm einschätzen und – hoppla – eine (Re-)Aktion hervorrufen. Ein anderes Beispiel: Sie sitzen im Restaurant und studieren die Speisekarte. Dort entdecken Sie Ihr Lieblingsgericht, das Sie lange nicht mehr gegessen haben. Allein beim Gedanken daran läuft Ihnen »das Wasser im Mund zusammen«. Für den vermehrten Speichelfluss gibt es ebenfalls keinen physischen Grund.

Diese Beispiele zeigen, dass Ihr Kopf ein Eigenleben hat: Sobald ein gewisser Reiz auftritt, folgt die Reaktion automatisch. Genauso ist es mit den Reaktionen des Umfelds: Wer mit hängenden Schultern dasteht, mehrheitlich zu Boden schaut und einen schlaffen Händedruck hat, der wird als unsicher wahrgenommen – wenn er überhaupt wahrgenommen wird. Das geht aber auch umgekehrt: Kinn leicht nach oben, Brust raus, Bauch rein (auch geistig), Hände über Gürtelhöhe, lächeln ... und schon erzeugen Sie ein anderes Bild.

Die wichtigste Voraussetzung, damit positives Denken langfristig gelingt, ist der Vorsatz, ausschließlich im Hier und Jetzt zu leben.

Denn es gibt nichts Anderes. Es ist, wie es ist, und Sie sind, wo Sie sind. Also: Hören Sie einfach auf zu jammern. Denn Sie wissen ja: Jammern bezieht sich überwiegend auf Vergangenes oder Zukünftiges, Hypothetisches. Es ist wichtig, dem Jammern Schritt für Schritt entgegenzutreten und nicht aufzugeben.

Das geht beispielsweise so:

Tipp 1: Lächeln

Lächeln und Lachen haben weitreichende Auswirkung. Sie sorgen für eine positive Grundstimmung, und zwar nicht nur bei einem selbst, sondern auch beim Umfeld. Kleine Glücksmomente lassen sich ganz einfach erzeugen, zum Beispiel durch das Abrufen schöner Erinnerungen. Genießen Sie solche Augenblicke ganz bewusst. Mit einem Lächeln auf den Lippen fallen positive Gedanken definitiv leichter. Zudem wirkt Lächeln auch unterbewusst – wenn Sie lächeln, schüttet ihr Hirn Glückshormone aus.

Tipp 2: Respekt

Behandeln Sie Menschen stets freundlich und respektvoll. Denken Sie daran, dass andere einen eigenen Standpunkt und eigene Gründe haben. Diese müssen nicht zwangsläufig mit Ihren deckungsgleich sein. Im Gegenteil: Vielfalt macht das Leben bunt. Der Respekt gegenüber anderen Menschen wirkt sich zudem positiv auf Ihren eigenen Selbstwert aus. Kaufen Sie dem Obdachlosen eine Zeitschrift ab und geben Sie ihm freundlich lächelnd ein Trinkgeld.

Tipp 3: Konzentration

Konzentrieren Sie sich stets auf sich selbst und vermeiden Sie es, sich mit anderen Menschen zu vergleichen. Ganz gleich, ob die Anderen mehr (von was auch immer) haben, mehr können, mehr erreicht haben – oder im Gegenteil weniger haben, weniger können, weniger schafften –: Bleiben Sie bei sich. Durch das ständige Vergleichen verschiebt sich Ihre Konzentration weg von den eigenen Bedürfnissen hin zu denen der Anderen. Setzen Sie sich mit Ihren Visionen und Ihrer Mission auseinander und schreiben Sie sie nieder. Machen Sie sich ein persönliches Leitbild, das für den Moment stimmt.

Tipp 4: Verantwortung

»Ich bin eben so zur Welt gekommen«, »Es hat halt nicht sein sollen« oder »Bei mir geht eben alles schief« sind typische Jammer-Ansagen, die im positiven Denken nichts zu suchen haben.

Durch solche Aussagen signalisieren Sie der Umwelt, dass Sie selbst keine Macht über die Dinge haben und einfach nur Opfer der Umstände sind. Fragen Sie sich, ob es Ihnen in irgendeiner Form weiterhilft, wenn Sie anderen Menschen oder Umständen die Schuld für die eigene Situation geben. Die ehrliche Antwort lautet: »Nein!«

Denken Sie nicht »Dann ist es eben so« oder »Ich muss damit leben«, sondern »Ich kann es ändern« und »Es liegt in meiner Hand«. Übernehmen Sie Verantwortung für Ihre Sichtweise.

Tipp 5: Grenzen

Sagen Sie öfter mal: »Nicht mit mir!« Und zwar immer dann, wenn Sie es spüren. Vielleicht ganz einfach, weil jemand Sie herabsetzen will oder Ihre Grenzen überschreiten möchte. Sie selbst bestimmen Ihren Wert. Nur Sie wissen um Ihr wahres Wesen und Ihr wahres Ich, um Ihre wahren Bedürfnisse. Niemand hat das Recht, Ihre Werte zu kritisieren – es sei denn, Sie lassen es zu. Machen Sie sich nicht zum Spielball Ihres Umfelds, sondern kontrollieren Sie es!

> ## Übung: Fünfmal Glück
>
> Positives Denken ist kein Hexenwerk, höchstens ein bisschen Arbeit. Es reicht schon, wenn Sie sich jeden Morgen fünf Umstände vorstellen, über die Sie glücklich sein können. Finden Sie heraus, was Sie dabei so richtig glücklich macht. Tauchen Sie in positive Erinnerungen ein. Sehen Sie sie, hören Sie sie, riechen Sie sie, fühlen Sie sie, schmecken Sie sie.

Fehler sind erlaubt!

Aus Fehlern kann man lernen – so sagt man. Deshalb gibt es auch so viele Besserwisser, die einem ständig sagen, was richtig und falsch ist und war. Tatsache ist: Es bringt Sie kein Stück weiter, wenn Sie sich über vergangene Fehler ärgern. Damals haben Sie so entschieden und basta! Im Nachhinein ist man immer gescheiter, doch das ändert die Vergangenheit auch nicht. Zudem sollten Sie es niemals anderen überlassen, darüber zu urteilen, was für Sie richtig oder falsch ist. Nur Sie allein kennen Ihr Ziel, und nur Sie allein können beurteilen, weshalb Sie zu diesem Zeitpunkt so entschieden haben.

Positiv denken heißt, sich konstruktiv mit den eigenen Fehlern auseinanderzusetzen und daraus für die Zukunft zu lernen. Allein, dass Sie erkennen, einen Fehler begangen zu haben, sollte Ihnen bereits ein Lächeln auf die Lippen zaubern. Denn Fehler zu machen, bedeutet, Erfahrungen zu sammeln. Sie haben also nichts »falsch gemacht«, sondern eine wertvolle Erfahrung gesammelt, die Ihnen dabei hilft, ähnliche Missgeschicke künftig zu vermeiden. Wenn Sie in diesem Sinne positiv denken, machen Sie sich bewusst, dass Sie in der Lage sind, Veränderungen herbeizuführen, erlangen Kontrolle über Ihr Leben und werden zufriedener. Und bestimmt auch glücklicher.

Fehler kann man aber durchaus noch ganz anders sehen. Eric Adler beschreibt sie in seinem Buch *Mehr vom Leben* beispielsweise als Kurskorrektur auf dem persönlichen Lebensweg. Leider sehen das nur wenige Menschen so, denn die meisten haben in ihrer Kindheit gelernt, dass es Fehler zu vermeiden gilt. Wer etwas falsch macht, der bekommt dafür kein Lob, keine Anerkennung, keine Zuwendung. So wächst das Kind mit der Gewissheit auf, dass nur ein »fehlerloses Leben« ein gutes Leben ist, und es bekommt Angst vor falschen Entscheidungen. Fatal, denn Angst hemmt positive Gedanken! Sie verhindert Initiative und tötet Intuition. Wer nichts unternimmt oder wagt, ist am sichersten, lautet die Devise.

Es ist nicht einfach, diese Betrachtungsweise zu ändern. Doch anfangen kann man jederzeit – zum Beispiel hier und jetzt!

Jammern als Abkürzung zum Erfolg?

Bislang habe ich Jammerer in die Opfer-Schublade geschoben. Dort gehören sie ja auch hin. Doch kürzlich sah ich das Interview mit einem Politiker und überlegte, ob es sich beim gezielten Jammern nicht vielleicht auch um ein raffiniertes (oder perfides) Erfolgsrezept handeln könnte. Kurzfristig kann das Konzept aufgehen, getreu dem Motto »erstmal alles schlecht machen und dann mit dem Mittelmaß punkten«. Doch langfristig funktioniert das nicht! Ein Grund des Jammerns ist ja, sich gegenüber anderen besser darzustellen, als man wirklich ist. Eine riskante Strategie, denn was man an Anderen kritisiert, ist sehr oft Teil der eigenen Persönlichkeit. Es wird einem vor Augen geführt, woran es einem selbst mangelt. Darin allerdings liegt eine Chance, nämlich die, etwas daran zu ändern. Erinnern Sie sich: Jammern bewegt nichts, bringt nichts – und vor allem verändert es nichts. Die Veränderung ist in Ihnen selbst – Sie sollten nur endlich damit anfangen. Ja, aber womit jetzt genau? Vielleicht damit: Gefühle, Gedanken und Worte bilden einen Dreiklang. Verändern Sie einen dieser Parameter ins Positive hin, folgt alles andere automatisch. Wer beispielsweise glücklich ist (also Glück *fühlt*), *denkt* positiv und *spricht* positiv. Um diese drei Zutaten geht es, und sie werden in den folgenden Kapiteln immer wieder aus unterschiedlichen Blickwinkeln beleuchtet. So finden Sie effektiv Ihre persönlichen Erfolgsmacher! Und Jammern gehört garantiert nicht dazu.

Muss muss raus

Das Leben ist keine Zwangsjacke, es ist auch keine Last oder Bürde, sondern Spiel, Spaß und Freude. Glauben Sie nicht? Ich zeige Ihnen an einem einfachen Beispiel, wie das geht. Zum Beispiel, indem Sie das kleine Wörtchen »muss« nicht mehr verwenden. Schluss, aus, weg damit! »Muss« braucht kein Mensch. Niemand »muss« irgendwas müssen.

Moment, denken Sie vielleicht, ich muss doch Steuern zahlen, auf die Toilette gehen oder zumindest sterben? Nein. ICH MUSS GAR NICHTS. Ich muss noch nicht einmal zur Toilette. Ich WILL dahin, weil ich mir der Konsequenzen bewusst bin, was passiert, wenn ich nicht dorthin gehe. Ich muss auch keine Steuern zahlen. Nun gut, ich WILL auch nicht wirklich, aber, na ja, ich KANN es zumindest. Und hier liegt der Wert der differenzierten Wahrnehmung: Ich entscheide mich, ob ich Opfer oder Täter bin. Wenn ich im MUSS-Modus bin, dann sehe ich mich selbst als Opfer, als Gefangener von Rahmenbedingungen. Das ist meine Realität. Und wenn ich nun das Wort MUSS ersetze, beispielsweise durch WILL oder KANN, dann ändere ich schon einiges, weil dann derjenige ich bin, der am Joystick seines Lebens sitzt und entscheidet.

Ein Beispiel: Es ist 11:45 Uhr, Sie telefonieren gerade und unterbrechen das Gespräch, indem Sie sagen: »Ich muss dieses Gespräch jetzt beenden, weil ich aus dem Haus muss. Ich habe einen Termin, bei dem muss ich pünktlich sein. Denn ich muss um 12.30 wieder am Schreibtisch sitzen, weil dann mein Stellvertreter aus dem Haus geht und ich ihn vertreten muss. Wir müssen also am Nachmittag weitertelefonieren.«

Das sind sechs »Muss« bzw. »Müssen« in fünf Zeilen. Stellen Sie sich vor, zu wie viel Druck und negativer Körperhaltung so viel Fremdbestimmung führt? Das ist eine gebeugte Haltung. Dabei können Sie den gleichen Inhalt auch anders formulieren, ohne dabei arrogant zu wirken. Ersetzen Sie doch einmal bewusst das »Müssen« durch »Können« oder »Wollen«, und beobachten Sie genau, was es mit Ihnen macht. Sie sagen jetzt: »Ich möchte dieses Gespräch gern später weiterführen. Ich habe allerdings gleich ein Treffen, bei dem ich pünktlich sein will. So kann ich um 12.30 Uhr wieder an meinem Schreibtisch sitzen, denn mein Kollege geht dann auch noch aus dem Haus und ich will ihn vertreten. Können wir am Nachmittag weitertelefonieren?«

Wer so formuliert, der ist ein Akteur und kein Opfer mehr. Auf das ständige »Müssen« können wir also bestens verzichten. Streichen Sie also guten Mutes »muss« in allen Variationen aus Ihrem Wortschatz und versuchen Sie, muss-los zu formulieren. So einfach wird das nicht. Denn plötzlich realisieren Sie, dass Opfer zu sein auch wertvoll sein kann. Nehmen Sie es locker. Sie brauchen ja das Muss nicht komplett zu streichen. Setzen Sie es einfach bewusster ein. Das ist schon mal ein Anfang.

Übung:
Arbeiten müssen – Arbeiten dürfen

Ersetzen Sie zuerst »Arbeiten müssen«. Denn mit *müssen* verbinden wir automatisch Dinge, die uns nicht gefallen und die keine Freude bereiten. Und das stimmt ja nicht. In der Tat *wollen* wir Geld verdienen, können ständig dazulernen und uns weiterentwickeln. Arbeiten vermittelt – zwar nicht immer, aber doch ab und an – das Gefühl, geschätzt und gebraucht zu werden, etwas zu erreichen oder zu bewegen. Alleine oder im Team. Dafür gibt es Lohn und Ferien. Und im besten Fall auch Anerkennung. Wer WILL das nicht?

Nur Mut!

Raus aus der Jammerfalle mit dem Mut zur Veränderung: Das bedeutet, sich die Macht über sein Leben zurückzuholen. Wer sich selbst für einen Versager hält, trainiert sich automatisch auf erfolglos. Wenn Ihnen am Sonntagmorgen der Kaffee ausgeht; wenn es meistens regnet, wenn Sie keinen Schirm dabeihaben; wenn die Ampel immer auf Rot schaltet, wenn Sie darauf zufahren … dann hat das NICHTS mit Ihnen persönlich zu tun. Es ist einfach so.

Nämlich so, wie Sie es wahrnehmen! So, wie Sie es wahrnehmen wollen. Es gibt keinen Grund zum Jammern, denn das Ausblenden positiver Erfahrungen ist hausgemacht.

Es wird eine Weile dauern, bis Sie alle Tipps und Tricks probiert und umgesetzt haben. Also Geduld! Ich beschäftige mich seit rund zehn Jahren mit diesen Themen und bin noch lange nicht am Ziel. Falls es überhaupt erreichbar ist: hundertprozentig gelassen zu sein. Das, was Sie vor sich haben, nämlich Veränderungen bewusst zu provozieren, ist nicht einfach.

Achte auf deine Gedanken, denn sie werden zu Worten.
Achte auf deine Worte, denn sie werden zu Handlungen.
Achte auf deine Handlungen, denn sie
werden zu Gewohnheiten.
Achte auf deine Gewohnheiten, denn
sie werden dein Charakter.
Achte auf deinen Charakter, denn er wird dein Schicksal.
(Talmud)

KAPITEL 4

Raus aus der Jammerfalle mit der richtigen Einstellung

Alles, was Sie wahrnehmen, können Sie nur von Ihrem eigenen Standpunkt aus wahrnehmen. Ihre persönliche Einstellung ist wie eine Art Brille, durch die sie die Welt betrachten. Die Brille formt Ihre Realität. Betrachten Sie einmal ganz genau und unvoreingenommen, wo Sie stehen und wie Sie sich verhalten. Sind Sie eher ängstlich? Verbergen Sie das gern unter einer gewissen Gleichgültigkeit? Neigen Sie im Alltag zu Neid, Spott und Lästerei? Oder gar zum Jammern? Lassen Sie sich relativ leicht von außen beeinflussen? Dann haben Sie viele Gründe, um Ihre Lebenseinstellung zu justieren. Die Veränderungen werden weitreichend und umfassend sein.

Nichts ist beständiger als der Wandel

Die Einstellung zum Leben ist individuell und einzigartig. Das Vertrauen in den schützenden Rahmen ist wichtig und sorgt für ein hohes Maß an Sicherheit. Spricht man von »Beständigkeit« und

»Sicherheit«, dann hat es zumeist etwas mit Vergangenheit, mit Vertrautem, zu tun. Das sind die Festen, auf denen ein zufriedenes Leben basiert, darauf beruhen Glücksgefühle und Erfolg. Im Idealfall jedenfalls. Ja, im Idealfall findet unser zufriedenes, glückliches Leben innerhalb unserer Komfortzone statt. Im Fachjargon beschreibt der Begriff der »Komfortzone« einen engeren und auch weiteren Lebensbereich, in dem ein Mensch sich wohl und sicher fühlt und gar kein Bedürfnis nach Veränderung verspürt. Doch es gibt auch eine Welt außerhalb des persönlichen Wohlfühlbereichs. Und genau dort beginnt der Wandel. Es gilt jedoch zu unterscheiden, ob die Veränderung von außen kommt oder von innen heraus stattfindet. Ändern sich die Bedingungen des Umfelds, so ist der Mensch gezwungen, sich anzupassen, also sich ebenfalls zu verändern und damit den Leidensdruck zu vermindern. Entsteht jedoch die Initiative in einem selbst, so ist es der altbekannte »innere Schweinehund«, der überwunden werden muss.

Der Autor Eric Adler unterscheidet in seinem Buch *Schlüsselfaktor Sozialkompetenz* vier verschiedene Komfortzonen: die personelle, die berufliche (auf Tätigkeiten bezogen), die geistige und die geographische Komfortzone. Die personelle Komfortzone ist schnell definiert. Dazu gehört alles, was man unter dem Begriff »Zuhause« zusammenfassen kann: die Familie, der Partner, Freunde und Bekannte. Die berufliche bzw. auf eine Tätigkeit bezogene Komfortzone ist all das, was man so tut, wie man es immer schon getan hat. Das können berufliche Fertigkeiten sein, aber ebenso die Art und Weise, wie Sie ein bestimmtes Gericht zubereiten. Die geistige Komfortzone ist eine Herausforderung. Lesen Sie beispielsweise leidenschaftlich gern *Asterix und Obelix*, so ist das Ihre geistige Komfortzone. Wenn Sie sich entschließen eine Fremdsprache zu lernen oder Dostojewski zu lesen, dann nehmen Sie die Herausforderung an, die Komfortzone zu verlassen. Die geographische Komfortzone beschreibt kompliziert ein ganz einfaches Phänomen: Sie fahren immer an ein und denselben Ort in den Urlaub, gehen in dieselbe Kneipe, bestellen im Restaurant dasselbe Gericht. Einfach, weil es so bequem ist und Sie alles schon kennen.

Und jetzt überlegen Sie mal, wie das bei Ihnen ist. Sie werden erstaunt sein, wie häufig Sie die Motivation, etwas Neues zu wagen nur von außen wahrnehmen und wie wenig Energie Sie darauf verwenden, selbst eine neue Erfahrung herbeizuführen.

Bequem statt unbequem

Fragen Sie sich doch jetzt noch einmal, warum Sie in welchen Momenten jammern. Wenn Ihnen keine Antwort einfällt, dann biete ich Ihnen mal ziemlich provokativ eine an: Weil Ihnen nichts Besseres, Neues, Aufregenderes einfällt. Ohne zu jammern, geht Ihnen schlichtweg der Gesprächsstoff aus. Deshalb ist das Jammern in vielerlei Hinsicht so bequem. Gar nicht weiter nachdenken, einfach drauflosplappern. Wie anders wäre es, wenn Sie endlich das aufregende Leben in Ihren Alltag ein- und Veränderungen zulassen.

Veränderungen sind zunächst meist unbequem, das ist ihr Markenzeichen. Veränderungen machen Angst, schüren Zweifel und bewirken Rückzug in die bekannten Räume. Mir persönlich helfen Erklärungen und Handlungsmodelle, wie Ann Salerno und Lillie Brock sie in ihrem Buch *Change Cycle* beschreiben. (Ich werde sie weiter unten darstellen.) Sie geben mir die Gewissheit, mich auch in außerordentlichen Situationen einigermaßen normal, sprich mehrheitstauglich, zu verhalten. Das beruhigt mich und ermöglicht es mir, mit Veränderungen wirklich gut umzugehen, und zwar mit weniger Stress, weniger Angst und weniger Energieaufwand, weil ich mich verstanden fühle.

Spielen wir einmal das Verlassen der Komfortzone nach den Vorgaben von Salerno und Brock an einem simplen Beispiel durch. Nehmen wir mal an, Sie entschließen sich zu einem Umzug: Von München nach Hamburg, von Zürich nach Genf oder von Innsbruck nach Wien. Kaum haben Sie solch eine Entscheidung (vielleicht nicht ganz freiwillig) getroffen, ereilt Sie die Erkenntnis, dass sich ihr Leben nun grundlegend verändern wird. Das dazu passende Gefühl ist Angst – Verlustangst, um ganz genau zu sein.

Phase 1

Neuland zu betreten, bedeutet, sich in Gefahr begeben. Das Hirn verselbstständigt sich, schaltet die Logik aus und den Überlebensmodus ein. Die Instinkte übernehmen die Kontrolle. Und das Resultat? Wir fliehen, greifen an oder stellen uns tot. Das sind keine optimalen Lösungen oder Zustände, und somit wollen wir sie natürlich vermeiden. Erfahrungsgemäß verlieren wir in solchen Phasen schnell den Überblick. Die verlockende Vermeidung bekommt die Oberhand: Schönreden oder wegducken. Für Analysen, Erklärungen und logische Argumente ist man nicht zugänglich, und das hilft auch nicht gegen Angst.

Tipp: Notieren Sie sich, welche Veränderung Sie gerade erleben und welche Verluste sie mit sich bringt. Beschreiben Sie dann, was genau daran beunruhigend ist.

Weil Sie ja bestimmt kein Angsthase sind, führen Sie sich die Vorzüge des Wohnortwechsels vor Augen. Die Folge: Ihre Angst wird lediglich gegen den Zweifel eingetauscht. Der hat allerdings auch etwas Gutes: Er zwingt uns, langsamer zu machen und uns eine Entscheidung gut zu überlegen.

Phase 2

Veränderungen rufen Skepsis hervor. Der nagende Zweifel zeigt immerhin, dass der Verstand wieder erwacht. Die Gefühle sind nicht einfach passé – im Gegenteil: Sie äußern sich oft in Form von sichtbarer oder passiver Aggression, Widerstand oder Zurückweisung. Die einen motzen laut, die anderen mobben leise, wiederum andere leisten passiven Widerstand oder schießen ihren eigenen Umgestaltungsprozess schon in der Startphase ab. Das sind alles Formen des inneren Unvermögens – in der Hoffnung, alles möge letztlich doch so bleiben, wie es ist.

Der großartige Herbert Grönemeyer verhilft uns zum nächsten Schritt. Er hat bereits Ende der 1990er Jahre in seinem Song *Bleibt alles anders* künstlerisch die Erkenntnis umgesetzt, dass immer, wenn es viel zu verlieren gibt, man eigentlich nur gewinnen kann. Und es stets der erste Stein ist, der aus einer Mauer entfernt werden muss, damit der Durchbruch erfolgen kann.

Tipp: Fragen Sie sich, wogegen Sie konkret gerade kämpfen oder Widerstand leisten. Sie werden erkennen, dass Sie vor allem eines benötigen: mehr Informationen. Notieren Sie mögliche Quellen.

Angst und Zweifel verschwimmen und machen einem diffusen Gefühl des Unbehagens Platz. Ein Wohnortwechsel – so versuchen Sie es sich einzureden – ist schließlich kein Weltuntergang. Und doch haben Sie das Gefühl, als müssten Sie alles, was Ihr Leben ausmacht, völlig neu lernen und finden: den Weg zum Supermarkt, die öffentlichen Verkehrsmittel, die besten Parkplatzoptionen, eine Schule für die Kinder, ein neues Fitness-Studio, neue Freunde und Bekannte …

Phase 3

Es fühlt sich an, als hätte man auf dem PC ein neues Betriebssystem installiert: neue Icons, komische Anordnung, alles anders. Es fehlt an Routine, und neue Abläufe werden als kompliziert empfunden. Wir sind frustriert und glauben, die neuen Anforderungen nicht meistern zu können. Alles braucht doppelt so lang wie zuvor. Die Gefahr des Aussteigens wächst mit dem zunehmenden Unbehagen. Wer denkt: »Diese Veränderung bringt überhaupt nichts!«, schadet sich nur und steht sich selbst im Weg.

Hier hilft es, sich klar zu machen, dass Schwierigkeiten zum Lernen und Leben dazugehören, dass es selten Neuerung ohne Hindernisse gibt, dass Erfolg sich nicht automatisch einstellt.

Tipp: Bewährtes durch Neues ersetzen. Immer wieder. Gönnen Sie sich die Erfahrungen! Und überlegen Sie, was Sie positiv bewerten können.

Es scheint oft schwierig, eine Tür für immer zu schließen. Doch Sie kennen das: Kaum ist die alte wirklich zu, gehen Türen auf, die man vorher nicht wahrgenommen hat. Spätestens, wenn Sie den Schlüssel Ihrer alten Wohnung abgeben und sich auf die neue freuen, werden Sie ein angenehmes Prickeln empfinden. Vor Ihnen liegt eine spannende Entdeckungsreise, die nicht nur Unsicherheit, sondern auch Glück und Euphorie bereithält.

Phase 4

Wenn Sie die negativen Emotionen hinter sich gelassen haben, macht sich Euphorie breit – wie Verliebtheit oder ein Rauschzustand. Sie sind offen für neue Erfahrungen, Sie rücken die positiven Seiten der Veränderung in den Fokus. Sie spüren, wie Sie die Kontrolle über Ihr Denken zurückgewinnen und dass Sie die persönliche Veränderung vorantreiben. Doch das hört sich leichter an, als es ist: Wegen vorhandener Restzweifel ist die Gefahr, in alte Muster zurückzufallen, noch nicht vorbei.

Tipp: Genießen Sie die Euphorie und die Kraft des Entdeckergeistes. Speichern Sie diese positive Erfahrung gut. Diese Erinnerung wird Ihnen helfen, zukünftige Widerstände einfacher zu überwinden.

Sie sind angekommen. Ist das nicht ein tolles Gefühl? Ein wichtiger Schritt ist gemacht und Sie scheinen bereits am Ziel zu sein. Im Überschwang der Gefühle fühlen Sie sich unverwundbar. Gut so, denn das hilft gegen kleine Frustrationen und Rückschläge.

Phase 5

Der Sturm ist vorbei. Die Wirren und Unsicherheiten liegen hinter Ihnen. Ist es nicht angenehm zu wissen, wie Sie ticken und was Sie aus eigener Kraft verändern können?

Es liegt in der Natur der Sache, dass Sie eine durchlebte Veränderung im Nachhinein als gar nicht so schwerwiegend empfinden. »Es ist das Beste, was mir passieren konnte!« Wer so denkt, entwickelt Verständnis dafür, dass sich Dinge nur verändern können, wenn man sie zulässt, und dass Veränderungen durchaus positiv sein können, wenn man Ansichten und Perspektiven wechselt.

Tipp: Achten Sie darauf, wie sich dank der distanzierten Betrachtung plötzlich eine innere Ruhe einstellt. Benennen und feiern Sie Ihre Fortschritte.

Wenn wir uns das Beispiel mit dem Wechsel des Wohnortes nochmal vor Augen führen, so besteht die letzte Phase der Veränderung darin, dass Sie sich am neuen Ort »zuhause« und im Umfeld integriert fühlen. Inwieweit und wie schnell sich dieses Gefühl einstellt, ist unterschiedlich. »Integration«, wie es im Fachjargon heißt, bedeutet neue Erfahrungen in seinem Leben willkommen zu heißen und Entscheidungen aus der Vergangenheit nicht stets aufs Neue zu hinterfragen.

Phase 6

Sie haben die Veränderung »gegessen und verdaut« und als Bestandteil Ihres Lebens integriert. Sie haben eine wichtige Kompetenz entwickelt. Daraus resultiert für die Zukunft eine nützliche Anpassungsfähigkeit. Diese Flexibilität macht es Ihnen möglich, in jedem Verlust auch eine Chance zu sehen.

Tipp: Denken Sie wie die Chinesen: Deren Wort für »Krise« hat zwei Symbole – eines steht für »Gefahr«, das andere für »Möglichkeit«.

Weil es komfortabel ist ...

Ewig in schönen Erinnerungen zu schwelgen und sich auf den Lorbeeren von einst auszuruhen, ist zwar angenehm – es bringt Sie jedoch nicht voran. Die Vergangenheit als Maßstab für die Zukunft anzulegen, funktioniert ebenfalls nicht. Denken Sie zum Beispiel an Ihre Kinder: Die meisten Eltern können es während der Schwangerschaft kaum erwarten, bis sie ihr kleines Baby endlich im Arm halten dürfen. Sie lesen nur noch »Eltern«-Zeitschriften, gehen Arm in Arm zur Geburtsvorbereitung und verbringen die Samstage erwartungsvoll in den Kinderzimmerabteilungen von Möbelhäusern. 16 Jahre später, wenn die undankbaren Monster mitten in der Pubertät stecken, wünschen sie sich die »lieben Kinder« oft dorthin, wo der Pfeffer wächst.

Oder – falls Sie keine Kinder haben – erinnern Sie sich an die Schmetterlinge im Bauch, als Sie damals frisch verliebt in Ihren Partner oder Ihre Partnerin waren. Und heute, viele Monate und Jahre später, regt Sie das Schnarchen auf, die offene Zahncremetube, das schnelle Autofahren, das Wegschneiden des Pizzarandes etc. Sie sehen: Nichts bleibt so, wie es einmal war. Aus der Vergangenheit lässt sich Erfahrung gewinnen, doch es geht, wie man sagt, nicht um das Bewahren der Asche, sondern um das Weiterreichen des Feuers. Bewahren Sie sich die schönen Erinnerungen aus der Vergangenheit, um daraus Kraft für die Zukunft zu schöpfen, doch verwenden Sie sie nicht als Ausrede – und schon gar nicht fürs Jammern.

GMV – Gesunder Menschenverstand

Ich wünsche mir mehr Eigenverantwortung (vgl. Kap. 2). Generell. Und überall. Eigenverantwortung ist ein Teil des gesunden Menschenverstandes (ok, einverstanden, das ist Definitionssache), und der scheint – gesamtgesellschaftlich gesehen – langsam, aber sicher abhandenzukommen. Die vielen Verlockungen und Ablenkungsmöglichkeiten in virtuellen Welten und sozialen Netzwerken machen sich im zwischenmenschlichen Verhalten bemerkbar. Aggression, Stress, Neid, Oberflächlichkeit, Macht, Status – das sind schlechte Voraussetzungen für konstruktive Beziehungen. Eigenverantwortung bedeutet auch, dass man anderen Menschen in Wirklichkeit begegnet, sie respektiert und in seine eigenen Handlungen einbezieht. Es heißt, zu verstehen, dass man nicht allein auf dieser Erde lebt.

Eigenverantwortung heißt handeln, machen, unternehmen, vorausschauen, mitdenken. Sich zu aktivieren und ein dynamisches Selbstbild zu entwickeln. Wissen, was einem guttut, was man will – und es entsprechend ausdrücken können. Das wäre beispielhaft. STOPP! NEIN! *Ist* beispielhaft, nicht *wäre* beispielhaft. Hier beginnt es doch: »Tja, schön wär's ...«, hört man oft. Das klingt doch jämmerlich und hilflos. Genau wie – im nächsten Kapitel beschrieben – nach jedem WARUM ein WEIL folgen muss, wird nach dem WÄRE zwangsläufig ein WENN kommen und umgekehrt. Wirkung und Ursache werden unzertrennlich. »Tja, schön wäre es, wenn man einfach machen könnte.« In solchen Sätzen und Lebensansichten steckt keine Hoffnung mehr – nur verblasste, nie realisierte Träume und ein statisches Eigenbild. Schlimm, nicht wahr? Und doch so weit verbreitet! Wieder finden wir einen passenden Musiktitel dazu: Im Musical *Anatevka* (Original: *Fiddler on the roof*) singt sich der verträumte Milchmann Tewje so den Frust von der Seele: »Wenn ich einmal reich wär ...«

Von diesen Wimmer-Sprüchen gibt es noch einige mehr:

- Wenn ich noch einmal jung wäre ...
- Hätte ich doch nie mit Eishockey angefangen ...
- Wenn ich schon als Kind mit dem Klavierspielen angefangen hätte ...
- Wenn ich gewusst hätte, dass ...
- Wenn ich heute noch mal könnte ...

Hallo?! Das funktioniert nicht! Wie »wäre *was* denn *wie* geworden«, bitte sehr? Wir haben doch allesamt keine Ahnung und weisen mit solchen Thesen nur die Verantwortung von uns. Und da wir dabei logischerweise immer eine bessere Variante konstruieren als die Realität, ist das Ergebnis: Unzufriedenheit. Und dafür sind wir selbst verantwortlich. Anstatt mit dem Schicksal zu hadern, ist es besser, das Schicksal selbst in die Hand zu nehmen und unsere Lebenseinstellung genau zu überprüfen.

Ein angemessenes Beispiel erlebte ich vor einigen Tagen an einer Kasse im Supermarkt. Ich bin froh, dass ich in Freiheit darüber berichten kann. Denn hätte die Szene noch eine Minute länger gedauert, hätte ich die Kundin vor mir gewürgt und wäre dafür wahrscheinlich ins Gefängnis gekommen. (Übrigens: Auch hier funktioniert der Konjunktiv nicht – dazu später mehr.) Nachdem bereits sämtliche Lebensmittel von der Verkäuferin erfasst wurden, räumt die Kundin in aller Ruhe erst die Sachen in ihre Tüten, die schweren nach längerer Überlegungen nach unten und die leichteren nach oben. Dann realisiert sie nach einem ausgiebigen Kontrollblick auf ihre zwei Tüten, das sie für die Ware vielleicht auch noch bezahlen sollte. Ausgiebig sucht sie ihre Geldbörse in den vollen Tüten und findet sie schließlich unter dem Schlüsselbund in der Manteltasche. Derweil schaut die Kassiererin gelangweilt auf ihre Fingernägel.

Die Kundin beginnt damit, möglichst viel Kleingeld zusammenzuklauben, weil sie offensichtlich genügend davon hat. Die Kassiererin stellt in der Zwischenzeit eine Kleberolle unmotiviert an einen anderen Platz. Die Kundin findet plötzlich noch Gutscheine mit Barcode und zeigt sich überrascht. Die Kassiererin sagt: »Die Gutscheine sind abgelaufen.« Die Kundin hakt nach: »Da kann man nichts machen?« Doch die Kassierer bleibt hart: »Nein, wie gesagt. Die sind abgelaufen.« Daraufhin streckt die Kundin der Kassiererin ihre Bonus-Karte entgegen. »Die läuft nie ab, nicht wahr? Haha.« Die Kassiererin lächelt zirka 0,3 Sekunden. »Das macht 48,90, bitte.«

Die Kundin hat nun doch zu wenig Kleingeld und möchte mit der Kreditkarte bezahlen. »Gut, dass man in solchen Fällen eine Karte hat«, freut sie sich, und findet es lustig, dass sie die Geheimzahl vergessen hat. »Das passiert mir immer!« Sie möchte im Handy nachschauen, doch vertippt sich beim Eingeben des Passwortes. Beim dritten Versuch klappt es und nach gefühlten dreihundert Stunden bezahlt sie mit Karte. Die Kassiererin überreicht ihr die Quittung und wünscht einen schönen Abend. Und ich stehe schwankend dahinter und versuche, zu überleben: tief durchatmen, nichts sagen, nicht denken, nicht aufregen.

Ich verstehe solche Situationen nicht. Sie machen mich rasend – auch wenn ich gern ganz erhaben darüberstehen würde. Was braucht es, damit alle ein wenig mehr mitdenken? An den Kassen, vor den Lichtsignalen, beim Aussteigen aus der Bahn, beim Schwatzen vor der hochfrequentierten Rolltreppe? Nicht nur an sich, sondern auch an die anderen denken. Ans gesamte System am besten. Oder ist solch ein Denken vielleicht nur egoistisch?

Öfter mal nur an sich denken

Mit dem Egoismus ist das so eine Sache. Der Begriff an sich ist schon negativ besetzt. Das ist nicht ganz gerecht, denn: Wenn Sie aufhören, an sich zu denken, können Sie auch nicht für andere Menschen da sein. »Gesunder Egoismus« ist die Eigenschaft, eigene Bedürfnisse ernst zu nehmen und sie nicht auf Kosten von Anderen zu befriedigen.

Sicherlich sind Sie schon einmal geflogen und haben vor dem Start die Sicherheitsinstruktionen der Stewardess gehört. Eine der Empfehlungen handelt vom »plötzlichen Druckabfall« und dass man die Sauerstoffmasken sofort – und vor allem zuerst sich selber – aufsetzen und sich erst danach um die eigenen Kinder oder andere Passagiere kümmern soll. Das hört sich allerdings nur schräg an, wenn man nicht genau darüber nachdenkt. Wer bei Sinnen ist, kann Anderen helfen, die unter den gegebenen Umständen nicht klarkommen. Es ist ein typischer Fall von »gesundem Egoismus«, der zu Recht widerspruchslos hingenommen wird.

In den meisten anderen Situationen wird die Aussage »Du bist ego-istisch« als Vorwurf gewertet und führt im Handumdrehen dazu, dass man sich schlecht fühlt. Da stellt sich die Frage: Wer ist hier der Egoist? »Hüte dich vor denen, die dich Egoist schimpfen, denn sie sind die wahren Egoisten, weil sie dich manipulieren, um etwas Bestimmtes von dir zu bekommen.« Diesen Gedanken las ich sinn-gemäß vor Jahren im Buch *Die Kunst, ein Egoist zu sein*. Der Autor, Josef Kirschner, bemängelt darin, dass die meisten Menschen zwar Egoisten seien, aber nicht verstünden, das Beste daraus zu machen. Stattdessen tun die meisten Menschen alles, um geliebt, gelobt und anerkannt zu werden. Kirschner vergleicht solche Personen mit Ma-rionetten, die sich an Klischees orientieren, anstatt ihr eigenes Leben in die Hand zu nehmen. Dabei ist es gar nicht so schwer, sein Leben selbst zu bestimmen, sich seine Wünsche zu erfüllen, anstatt sie zu unterdrücken, und sich gegen äußere Widerstände durchzusetzen. In diesem Buch, das 1976 erschien, wird gezeigt, wie man es macht. Nicht gefällig, nicht rücksichtsvoll, sondern schonungslos werden uns jene Schwächen vor Augen geführt, die uns an der Selbstver-wirklichung hindern. Ich bekam das Buch von meinen Eltern zum 18. Geburtstag geschenkt. Mit der Folge, dass ich eine Woche später zum ersten Mal in meinem Leben auf die Weihnachtsfeier im Fami-lienrahmen verzichtete. Sie wissen, was ich meine ...

Der Begriff des »gesunden Egoismus« beschreibt ein Verhalten, bei dem man sich selbst mit Achtung wahrnimmt und seinen eige-nen Bedürfnissen folgt. Damit ist die Basis für ein selbstbestimmtes Handeln auch gegenüber anderen gelegt. Denken Sie mal darüber nach: Wissen Sie, was Ihnen wichtig ist? Tun Sie etwas dafür? Ken-nen Sie Ihre Werte? Leben Sie sie? Und wie fühlt es sich an, für das einzustehen, was man wirklich denkt und will?

Wie wir werden, was wir sind

Ein afrikanisches Sprichwort besagt, dass es zur Erziehung eines Kindes ein ganzes Dorf brauche. Eine schöne Vorstellung, ein harmonisches Bild. Finden Sie nicht auch? Nun, heute ist sowieso alles anders, und ein Dorf, das sich gemeinsam um die Erziehung und Prägung des Nachwuchses kümmert, gibt es – wenn überhaupt – vermutlich nur noch in fernen Ländern. Gemeint ist mit dieser Redensart natürlich etwas anderes und das ist nicht so wortwörtlich übertragbar. Im Wesentlichen steht das sprichwörtliche Dorf für das Umfeld (Schule, Freunde, Verwandte), die Einfluss auf die Persönlichkeitsentwicklung von Kindern nehmen. Dennoch: Wenn wir hier über unsere Einstellung zum Leben nachdenken, dann gilt es, auch die Haupt-Verantwortlichen einzubeziehen – unsere Eltern nämlich. Nun gut, wird mancher von Ihnen vielleicht denken, das ist doch Vergangenheit, was geht es mich heute an? Doch um im Hier und Jetzt anzukommen, muss man sich mit der Vergangenheit auseinandersetzen.

Die Macht der Eltern überdauert Zeit und Raum. Dem frühen Einfluss können wir uns nicht entziehen, auch wenn wir uns noch so sehr bemühen. Elterliche Ermahnungen klingen uns noch in den Ohren, ihre Ansichten sind tief in uns verwurzelt, in unsere Seelen tätowiert. Um der eigenen Lebens-Einstellung auf die Spur zu kommen, braucht es eine Auseinandersetzung mit dem Thema.

Eltern sind Diktatoren. Sie sagen ihren Kindern, was sie zu tun haben und wie sie es tun sollen. Sie lieben, sie loben, sie bestrafen. Sie lehren, was gut und was böse ist. Sie gestalten das Weltbild, vermitteln Religion und Moral, geben politische Ansichten weiter und wecken Interessen. Sie sind das oberste Gericht. Und Eltern prägen ihren Nachwuchs – das hat nicht nur mit der Weitergabe der DNA zu tun, sondern auch mit Verhalten. Mit einem Grundstock an Wissen und Weisheit, vermittelt durch unser engstes Umfeld, starten wir ins Leben. Die einen übernehmen kritiklos die Ansichten der Eltern und bauen daraus ein bequemes, eigenes Leben. Andere tun bewusst das Gegenteil von dem, was ihnen ursprünglich vermittelt wurde – sie rebellieren und provozieren. So oder so: Wir haben alles unseren Eltern »zu verdanken«, und deshalb eignen sie sich auch perfekt als Sündenböcke. Vor allem dann, wenn in unserem eigenen Leben mal etwas nicht so läuft wie erhofft – dieses Thema hatten wir schon, Sie erinnern sich: die Eigenverantwortung.

Unsere Einstellung zum Leben ist in vielerlei Hinsicht »hausgemacht«. Und sie wird sich auch nicht ändern, wenn wir uns nicht auf den Weg machen. Ich komme jetzt nicht mit dem ewigen Gemeinplatz »der Weg ist das Ziel«, denn manchmal steht das Ziel auch im Weg. Insbesondere, wenn es der falsche Weg ist. Doch Schluss mit der Wortklauberei, der Punkt ist: Unsere Einstellung zum Leben wird maßgeblich von Glaubenssätzen geprägt, die wir sozusagen mit der Muttermilch aufgesogen haben. Bei diesen Glaubenssätzen handelt es sich um Verallgemeinerungen von Sichtweisen auf das Leben. Umgangssprachlich spricht man auch von »Überzeugungen«.

Glaubenssätze rekrutieren sich aus Erkenntnissen, die sehr häufig aus der kindlichen Prägung stammen und sodann unreflektiert in den eigenen Erkenntnisschatz übernommen werden. Sie sind verinnerlichte Bestätigungen, und deshalb lassen sie sich nicht als richtig oder falsch klassifizieren. Sie sind einfach so, wie sie sind. Sie sind unsere ständigen Begleiter, bestimmen, was wir denken, was wir fühlen und wie wir handeln. Sie sind im Unterbewusstsein so stark verankert, dass sie uns steuern, ohne dass wir es merken. Zudem beeinflussen sie unser Selbstwertgefühl, das berufliche Umfeld, die Wahl des Lebenspartners, die Beziehungen zu Freunden, Kollegen und Vorgesetzten. Sie legen fest, wie wir mit unserem Körper und der Gesundheit umgehen, welche Einstellung zum Leben wir haben und welchen Sinn wir damit verfolgen.

Sieben Glaubenssätze erfolgreicher Menschen

1. Alles geschieht aus einem Grund, hat seinen Sinn und bringt mich weiter.
2. Es gibt keinen Misserfolg, es gibt nur Resultate.
3. Ich bin verantwortlich für das, was mit mir passiert.
4. Es ist nicht notwendig, alles zu verstehen, um es effektiv einsetzen zu können.
5. Menschen sind das größte Kapital.
6. Arbeit ist Spiel.
7. Es gibt keinen bleibenden Erfolg ohne echte Verpflichtung.

Positive Glaubenssätze erzeugen kraftvolle Energie, die für uns arbeitet und Erfolge ermöglicht. Destruktive Glaubenssätze hingegen machen unglücklich, sie sind Sand im Getriebe des Lebens. Glaubenssätze sind also Programme, die sich auf Ihrer inneren Festplatte befinden. Sie können sie – um in der Computersprache zu bleiben – umprogrammieren. Voraussetzung dafür ist allerdings, dass Sie sie überhaupt kennen. Dass Sie wissen, welche Ursache in Ihrer Welt unweigerlich zu welcher Wirkung führt.

Kaum zu glauben

Glaubenssätze bestimmen unser Denken und Handeln. Manchmal sind es einprägsame Sätze, die wie eine Art Mantra wiederholt und oftmals als unumstößliche Wahrheit hingenommen werden. Auch Redewendungen können in dieser Rubrik abgelegt sein. Ab und an ist es jedoch keins von beiden, sondern mehr eine innere Haltung, die unseren Standpunkt manifestiert.

Glaubenssätze sind oft ziemlich banal – sogenannte Binsenweisheiten –, also Gemeinplätze, die oft keinerlei tieferen Sinn haben. »Ohne Fleiß kein Preis« ist ein weit verbreiteter Glaubenssatz. Heißt doch übersetzt: Nur wer fleißig arbeitet, erhält dafür einen gerechten Lohn. Stimmt das? Nein, überhaupt nicht! Was ist zum Beispiel mit den Lotto-Millionären? Die meisten von ihnen haben noch nicht einmal jede Woche ihren Tippschein abgegeben – und dann trotzdem gewonnen. Oder mit denen, die viel Geld geerbt haben. Die haben für ihren Reichtum auch nicht arbeiten müssen. Wenn wir wirklich daran glauben, dass ohne Fleiß kein Preis zu holen ist, dann werden wir Erfolge nur dann feiern können, wenn der Aufwand dafür entsprechend groß war. Schade, denn so verpassen wir es, die kleinen Erfolge, die einem manchmal einfach so »zufallen«, auch zu genießen und ebenfalls zu feiern. Marc Knopfler von den Dire Straits singt in seinem Lied *Money for nothing* darüber: »... You play the guitar on the MTV. That ain't working – that's the way you do it: Money for nothing and chicks for free. «

Eine andere Redewendung lautet: »Ein Indianer kennt keinen Schmerz!« Blödsinn. Natürlich kennen Indianer »Schmerzen«, sie gehen höchstens anders damit um. Und was machen die Kinder des weißen Mannes, wenn man sie mit solchen Worten bespricht? Richtig, sie drücken die Tränen weg und geben sich tapfer, obwohl ihnen hundeelend ist. Das Erziehungsziel dahinter ist, dass man – bitte – nicht als Heulsuse dastehen soll. Das Kind hat sich gefälligst zu beruhigen. Besser wäre es jedoch, dem Kind zu erklären, dass Schmerzen bedeuten, dass der Körper uns etwas mitteilen will.

Was Eltern ihrem Nachwuchs gelegentlich alles weismachen wollen, ist bei näherer Betrachtung ungeheuerlich, beispielsweise, wenn es um die Ausbildung von Kindern geht, die aus einfachen Verhältnissen stammen. Hier hört man entweder:»In unserer Familie gab es immer nur Handwerker, und so soll es auch bleiben.« Oder umgekehrt:»Streng dich gefälligst an! Du sollst es mal besser haben als wir!« In beiden Fällen sind der Bildungshintergrund und der soziale Status der Eltern wichtiger als die Begabung oder gar die Neigung der Kinder. So oder so werden Kinder durch Glaubenssätze zu Erfüllungsgehilfen der elterlichen Träume gemacht und massiv unter Druck gesetzt.

Glaubenssätze steuern unser Verhalten und bestimmen mitunter den Lebensweg. In der Schule war ich beispielsweise nicht der Held, wenn es um Zeugnisse ging. Theoretisch hatte ich es mehr oder weniger schon drauf, nur praktisch hat es mich nicht interessiert. Mir wurde schnell langweilig, und vermutlich würden sie mir heutzutage Ritalin verabreichen. Ich startete jeweils immer sehr gut ins neue Jahr, und dann sackte ich bis zum Schuljahresende so tief ab, dass ich meist nur mit knapper Not das Klassenziel erreichte. Aus Sicht der Schule und meiner Eltern war ich diesbezüglich eher ein problematisches Kind. Mir war das weitgehend egal – ich kompensierte schlechte Schulnoten mit sportlichen Erfolgen. Ich realisierte, dass ich mehr Applaus dafür bekam, wenn ich auf dem Pausenplatz am Reck locker ein paar Riesenfelgen drehte, als die Kameraden für ihre permanent guten Noten.

Ich habe schon früh mit dem Kunstturnen angefangen und war darin sehr leidenschaftlich und einigermaßen erfolgreich. So rettete ich mich über die ersten sechs Schuljahre und kam dann in die Oberstufe. Auch da startete ich wieder gut und endete nach drei Jahren so verheerend, dass ich fast keinen Ausbildungsplatz bekam. Schließlich landete ich als Elektro-Zeichner-Lehrling in einem kleinen Ingenieurbüro. Bruchlandung? Keineswegs, denn das Kunstturnen war immer noch im Fokus, gab meinem Leben einen tiefen Sinn und eine neue Zukunft: Ich fand über diesen Weg, rein zufällig, zur Skiakrobatik. Dahinter stand ein Traum, keine Absicht. Eine Vision, kein Ziel.

Ziele zu haben ist wichtig, wenn man erfahren möchte, was man erreicht hat. »If you have no goal, it's difficult to score«, sagt der englische Werbeguru Paul Arden. Doch natürliche, selbstgewählte Ziele können nur entstehen, indem man ausprobiert, überlegt, testet und leidenschaftlich in der Aufgabe aufgeht. Dafür allerdings taugte mein erster Beruf wenig – und deshalb konzentrierte ich mich weiterhin auf den Sport.

Glaubenssätze können uns in Zwänge stecken. Viele Menschen glauben zum Beispiel, dass sie ihren »Wert« nur durch »Erfolg« unter Beweis stellen können. Und zwar im Sinne von sichtbarem materiellen Erfolg, beruflicher Karriere und so fort. Ob das auch mit den innersten Lebenswünschen in Einklang steht, ist eine andere Frage. Bei mir – so viel sei verraten – war es ein langer Weg mit vielen Umwegen. Es wäre schön, jetzt als Held dazustehen, wie ein Motivationsguru, und mit ernster Miene und bedeutungsvollem Kopfnicken zu sagen: »Und es war hart. Oft war ich vor dem Aufgeben. Doch man muss nur wollen. Umfallen, Krone richten, aufstehen, weitergehen. Kein Erfolg ohne Niederlage!« So ein Humbug. Der Weg war tatsächlich (und Gott sei Dank) lang, und er war immer interessant, meistens locker und vor allem sinnvoll. Das ist er heute noch.

Wenn Sie Ihre Lebenseinstellung also ändern möchten, werden Sie wahrscheinlich zunächst einmal an Ihren Glaubenssätzen arbeiten müssen. Das Perfide ist, dass sie so in Fleisch und Blut übergegangen sind, dass wir sie nicht einmal bemerken. Der erste Schritt zur Veränderung Ihrer Einstellung ist also, die Muster zu erkennen, die Sie prägen. Der zweite ist dann, die Muster zu verändern.

Muster ohne Wert

Glaubenssätze sind nicht zwangsläufig negativ, das haben wir bereits gesehen. Erfolgreiche Menschen, was immer das auch heißen mag, nutzen sie zu ihrem Vorteil. Manche Überzeugungen jedoch sind schlicht ohne offensichtlichen Nutzen oder behindern uns unter Umständen sogar. Merke: Gedanken, die du nicht loswirst, werden dein Los. So sieht es aus. Doch um bestimmte wiederkehrende Gedankengänge loswerden zu können, muss man sie zunächst einmal erkennen. Hierzu müssen Sie auf Spurensuche gehen – und immer heißt es: wenn Sie sich ertappt fühlen, notieren, Alternativen suchen, umschreiben!

Glaubenssätze zeichnen sich beispielsweise durch Verallgemeinerungen und Generalisierungen von Ursache und Wirkung aus. »So ist das eben« – »immer« – »nie« – »alle« sind nur einige der Signalwörter, die auf einen negativ wirkenden Glaubenssatz hinweisen. Und fällt Ihnen dabei etwas auf? Richtig, es sind dieselben Wörter, mit denen Jammerei eingeleitet wird. Psychologen empfehlen häufig, ein Tagebuch schreiben. Das ist eine gute Sache, es braucht lediglich etwas Disziplin. Werden die eigenen Handlungen regelmäßig aufgeschrieben, erkennt man Gewohnheiten und wiederkehrende Muster, die dann den Rückschluss auf einen unter Umständen negativen Glaubenssatz zulassen.

Häufig negativ besetzt sind Redewendungen, die man schon als Kind aufgenommen hat. Manche werden am Abendbrottisch gebetsmühlenartig wiederholt und so verinnerlicht. »Das Leben ist ein Kampf.« »Du musst dich immer unter Kontrolle haben.« Besonders interessant in diesem Zusammenhang ist das Thema Geld. Es ist wirklich erstaunlich, wie viele dieser Redewendungen mit Finanzen zu tun haben. Daraus prägt sich ganz klar ein Weltbild, das die Reichen verdammt und die Armen in Schutz nimmt. »Geld verdirbt den Charakter«, »Beim Geld hört die Freundschaft auf« oder »Die dümmsten Bauern haben die dicksten Kartoffeln«. Steckt da nicht etwas Neid dahinter? Auch das Film-Business greift gerne das Motto »Reich = böse, korrupt, skrupellos« oder »Arm = selbstlos, gut, sympathisch« auf. Daraus entsteht ein Zwiespalt: Einerseits hätte man gern mehr Geld, andererseits möchte man die negativen Auswirkungen nicht in Kauf nehmen und immer sympathisch sein. Aus dieser Falle kommt man kaum raus.

Vielen Dingen im Leben stehen wir ambivalent gegenüber – doch wer keine klare Position bezieht, bleibt auch für sein Gegenüber wenig greifbar. Der fatale Ausweg: Jammern! Aber das wollten wir ja nicht mehr, oder?

Alles, dem Sie hinterherlaufen, läuft vor Ihnen davon!

Ja, ich weiß, schon wieder ein Glaubenssatz. Aber – wie ich finde – ein sehr spannender. Dahinter steht der ewig nagende Selbstzweifel: Warum passiert gerade mir das? Warum haben nur die Anderen Glück, Geld, ideale Beziehungen? Warum kann's bei mir nicht mal gut laufen? Warum die Warum-Frage sowieso nichts bringt, lesen

Sie im nächsten, dem 5. Kapitel. An dieser Stelle können Sie sich einfach mal fragen, warum gerade Ihnen immer wieder irgendetwas Blödes passiert? Vermutlich, weil Sie in der Zwischenzeit nichts dazugelernt und geändert haben.

Vielleicht kennen Sie ja den lustigen Film *Und täglich grüßt das Murmeltier*. Alljährlich am 2. Februar begeht der kleine Ort Punxsutawney in Pennsylvania den Tag des Murmeltiers, dessen Verhalten Aufschluss über die Fortdauer des Winters geben soll. In besagtem Film wird der zynische Wetter-Ansager Phil Connors dorthin geschickt, um für seinen TV-Sender über den Murmeltier-Tag zu berichten. Für ihn ist das aber total unter seiner Würde. Phil Connors ist arrogant und gelangweilt, er hat mehr Augen für seine Assistentin als für den Murmeltier-Bau oder die Anliegen seiner Mitmenschen. Sozusagen zur Strafe erlebt Phil Connors den Murmeltier-Tag fortan immer wieder. Erst als er begreift, dass er in seinem Leben grundlegend etwas ändern muss und das auch tut, klappt das Kalenderblatt um und sein »neues Leben« nimmt seinen Lauf.

Die meisten Menschen sind ganz ähnlich wie dieser Phil Connors in einer Endlos-Schleife gefangen und lernen grundsätzlich nichts hinzu. Sie verlieben sich immer wieder unsterblich in die falschen Personen, machen bei Vertragsabschlüssen immer wieder ähnliche Fehler oder investieren ihr Geld permanent in aussichtslose Projekte und vertrauen falschen Freunden. Wie wäre es also, wenn Sie einmal andere Präferenzen setzen und neue Ziele verfolgen? Das ist möglich, wenn auch zu Beginn anstrengend. Denn der Glaubenssatz »Alles, dem Sie hinterherlaufen, läuft vor Ihnen davon!« stimmt zu hundert Prozent. Es ist die Macht Ihrer Gedanken, die Sie immer wieder in dieselbe Richtung lenkt und in die Sackgasse führt.

Watzlawick nennt das »die sich selbst erfüllende Prophezeiung«, und jeder von uns kennt solche Vorhersagen. Noch bevor Sie ein Projekt überhaupt in Angriff nehmen, schießt Ihnen der Gedanke durch den Kopf: »Das kann ja nichts werden!« Und Sie haben recht: So kann das auch nichts werden – weil Sie es sich ja fest vorgenommen haben, dass es nichts wird. Ich kenne das aus dem Sport. Der kleinste Zweifel kann enorme Auswirkungen haben.

Die Macht der negativen Selbstprogrammierung stellt sich uns täglich in den Weg. Wir suchen einen Parkplatz in der Innenstadt (»Da finde ich nie einen Parkplatz!«), und es ist schon in dem Moment aussichtslos, wenn wir den Gedanken zulassen. Bei der Entscheidung für eine von zwei Warteschlangen an der Kasse im Supermarkt (»Ich stelle mich garantiert wieder an der falschen Schlange an!«) treffen wir zielsicher eine falsche Wahl. Nun könnte man einfach sagen: Das ist halt so! Doch es gibt Erklärungen, weshalb das so ist.

Immer wieder nie

Das Gehirn kennt kein NEIN. Was? Das glauben Sie nicht? Natürlich kennen Sie die Bedeutung dieses kleinen Wortes, nur Ihr Gehirn streicht es regelmäßig aus Ihren Gedanken. Ein kleines Beispiel aus der Kindererziehung verdeutlicht, was ich meine: Ein dreijähriges Kind balanciert auf einer Mauer und ist glücklich. Die Eltern schauen sich das Szenario eine Weile an und halten den Atem an. Sie wissen zwar, dass sie ihr Kind nicht in der Konzentration stören sollten. Trotzdem platzt es irgendwann aus ihnen heraus: »Pass auf, dass du NICHT runterfällst ...!« Und was passiert? Sofort wird das Kind unsicher, bekommt vielleicht sogar Angst. So projizieren wir das *Runterfallen* überhaupt erst als Möglichkeit in die Köpfe der

Kinder. Wir sollten besser sagen:»Schau, dass du oben bleibst!« Das ist keine Schmusepädagogik, sondern nur die Projektion von positiven – anstatt von negativen – Bildern in die Köpfe unserer Kinder. Eine ähnliche, wenn auch etwas andere Wirkung hat das Wort IMMER. Es ist ebenfalls ein Un-Wort, denn es führt zu einer Verlangsamung des Gehirns. Es hat eine hypnotische Wirkung. Zum IMMER gehört auch das NIE. Beispiele gefällig?»Das war schon immer so.« Oder:»Das hat noch nie funktioniert.« Sagen Sie einmal zu einem engagiert anpackenden Menschen:»Das hat noch nie jemandem irgendetwas gebracht.« Bumm – finito!

Versuchen Sie, nicht zu generalisieren und ersetzen Sie *immer* oder *nie* durch *meistens* oder *oft* bzw. *selten* oder *eher weniger*. Man braucht die kleinen Lücken, um eine Kommunikation in Gang zu halten. Also verwenden Sie *oft*, *meistens* und auch *selten* und *weniger*, damit Sie sich Handlungs- und Meinungsalternativen offenhalten.

Opferfrage: Wer ist schuld?

Lassen Sie uns nochmal einen kleinen Schritt zurücktreten: Menschen, die jammern, geben in der Regel anderen Menschen oder anderen Umständen die Schuld an dem Dilemma. Selbst bei der sehr individuellen Wahl der Warteschlange im Supermarkt findet sich immer ein Schuldiger, der für die Wartezeit verantwortlich ist. Dabei ist es vergebene Liebesmüh und verschwendete Energie, die Schuldfrage zu stellen, weil sich dadurch ja nichts an der Situation ändert. Sie sind ein Teil von ihr. Verändern können Sie allerdings Ihre Sprach- und Gedankenmuster, auch wenn es – wie dieses Kapitel gezeigt hat – nicht leicht ist, Gewohntes zu entwöhnen. Es gibt viele kleine Rädchen, an denen Sie drehen können und sollen, um

Ihren Kopf und Ihre Seele auf jammerfrei zu trimmen. Nur dann sind Sie fit für das »Frustfrei-in-sieben-Tagen«-Programm am Ende dieses Buches. Werden Sie also vom Opfer zum Gestalter!

Gestalterfrage: Was kann ich tun?

Ändern Sie Ihre Einstellung – und Sie ändern Ihr Leben. Was für eine Vorstellung! Vielleicht gefällt Ihnen das Bild einer Treppe besser: Wenn das Leben eine Treppe wäre, dann würde sich die Aussicht ständig verändern und verbessern, je höher Sie steigen. Voraussetzung ist natürlich, dass Sie etwas tun, um voranzukommen. Wenn Sie Ihr Leben dem Zufall überlassen, besteht keine Garantie bzw. nur eine geringe Chance, dass Sie dort ankommen, wo Sie hinwollen. Nur mit der richtigen Einstellung und einem klaren Fokus können Sie mehr aus ihrem Leben machen. Es ist Ihre Entscheidung, ob sie ständig zurückschauen oder öfter mal nach vorne sehen. Vergessen Sie einen »Plan B« – setzen Sie voll auf A.

KAPITEL 5

Raus aus der Jammerfalle mit der richtigen Fragestellung

Ende März 1984: Im französischen Lac de Tignes findet der letzte internationale Wettbewerb der Skiakrobatik-Saison statt. Und es geht auch um Titelehren: Die Wettkämpfer mit den meisten Punkten aus allen Rennen sind am Ende des Tages Europameister in den entsprechenden Disziplinen. Es schneit leicht. Wir 16 Finalisten sind angespannt und leicht nervös, denn die Grau-in-grau-Verhältnisse sind alles andere als ideal. Wenn der klare Kontrast fehlt, gehen Himmel und Lande-Hang ineinander über und dann ist die Orientierung in über zehn Metern Höhe eine besondere Herausforderung. Ich entscheide mich trotzdem, die zwei schwierigsten Sprünge aus meinem Repertoire zu zeigen: den Dreifachsalto mit zwei Schrauben und einen Doppelsalto mit drei Schrauben. Beide Sprünge gelingen. An diesem entscheidenden Tag springe ich besser als meine Konkurrenten, und so verleiht mir die Jury den Europameister-Titel in der Disziplin »Aerials«, also im Kunstspringen.

Nach jahrelangem Training als Kunstturner und Freestyler ist dies der Höhepunkt meiner Sportlerkarriere und ich gebe, erst

24-jährig, meinen Rücktritt bekannt. Das Timing ist perfekt: Mein rechtes Knie ist zu diesem Zeitpunkt in einem erbärmlichen Zustand, und außerdem habe ich aufgrund des Ingenieur-Studiums zu wenig Zeit, um so zu trainieren, dass ich an der Weltspitze mithalten kann.

»Warum riskierst du deine Gesundheit mit solch waghalsigen Luftmanövern?«, wurde ich oft von Zuschauern gefragt. »Weil es mir unendlich viel Spaß macht!«, war die spontane und ehrliche Antwort. Mit dieser Antwort konnte niemand wirklich etwas anfangen, denn Beweggründe wie »einfach aus Spaß« kennen die wenigsten Menschen oder sie leben sie zumindest nicht aus. Doch bei mir war es genau so: Ich habe mir nie Gedanken darüber gemacht, *warum* ich eine gefährliche Sportart gewählt habe, sondern höchstens darüber, *wie* ich den nächsten Schwierigkeitsgrad meistern kann. Sie sehen: Die Warum-Frage führt nicht zu einer befriedigenden Antwort. Verstehen Sie, was ich meine?

Höchstleistung basiert nicht generell auf der »erfolgreichen Verarbeitung von Niederlagen«, wie es uns viele Motivationstrainer in ihren Tschakka-Seminaren weismachen wollen. Höchstleistung entsteht vor allem dadurch, dass man etwas einfach extrem gern tut und es deshalb auch sehr oft tut. Aus reinem Spaß und mit viel Leidenschaft. Da steckt keine harte Arbeit dahinter (obwohl sich eine solche Aussage besser verkauft!). Sogar im Training dominiert das Prinzip Lust und nicht der Zwang. Doch irgendwie kann sich das einfach nicht ins Weltbild leistungsgetriebener Zeitgenossen einfügen.

Ein Journalist fragte mich nach meinem größten (messbaren) Erfolg: »Warum sind Sie Europameister geworden?« Und ich wusste nichts Gescheiteres zu sagen als: »Weil ich heute besser gesprungen bin als meine Konkurrenten.« Danach herrschte Stille. Klar – zum einen war das eine doofe Antwort. Und zum anderen wurde höchstwahrscheinlich eine andere Aussage erwartet:»Wille, Talent, Disziplin, Fokus, nie aufgeben, Ziele setzen.« Nein! So war das nicht. Doch wer will das schon hören? Wer kann damit etwas anfangen?

Warum, warum, warum

Die Frage nach dem *Warum* wird wohl am häufigsten gestellt – und ist doch die unergiebigste Frage von allen. Und wenn Sie sich jetzt fragen, warum das so ist, dann sind Sie mir gerade eben schon auf den Leim gegangen. Lassen Sie uns die Welt der Veränderungsmöglichkeiten vorsichtig betreten – mit kleinen Schritten und einer kritischen Haltung. Natürlich hat die Warum-Frage ihre Berechtigung und wir können sie nicht einfach aus unserem Sprachschatz streichen. Das Wort existiert und somit auch die Frage. Doch sie wirkt oft jämmerlich oder angriffig: Warum regnet es immer an meinem Geburtstag? Warum guckst Du so? Oder zum Kind: Warum hast Du hier alles dreckig gemacht?

Warum ist die Frage nach Gründen und Motivationen bzw. die Aufforderung zur Selbstentlarvung. Wollen wir das wirklich? Nein, wollen wir nicht, brauchen wir nicht und können es oft auch nicht. Bei den Tausenden und Abertausenden Entscheidungen, die wir täglich treffen, können wir nur in den wenigsten Fällen die wahren Beweggründe beschreiben. Wir wissen nicht immer, *warum* wir etwas tun. Wir tun vieles intuitiv und aus Erfahrung. Und die Anderen tun das ebenso. Es gibt Fragestellungen, die uns eindeutig weiterbringen – weil sie klärende Beschreibungen auslösen und wir etwas lernen oder erkennen können. Es sind wertvolle Wegweiser aus dem Jammertal.

Fragen über Fragen

Zum kleinen Einmaleins des Journalisten gehört die Fähigkeit, im richtigen Moment die richtigen Fragen zu stellen. Im Hinterkopf hat dabei jeder Schreiberling oder Moderator die berühmten »7 journalistischen Ws«, die Walther von La Roche in seinem Buch *Einführung in den praktischen Journalismus* niederschrieb.

• Wer (hat etwas getan)?
• Was (hat er getan)?
• Wo (hat er es getan)?
• Wann (hat er es getan)?
• Wie (hat er es getan)?
• Warum (hat er es getan)?
• Woher (ist die Information)?

Alle, die im Internet oder sonst wo nach Antworten suchen, stellen diese Fragen. Um ein informatives Interview zu führen, erlernt man zusätzlich die Technik, Fragen »offen«, »geschlossen« (Antwort ist ja oder nein) oder »alternativ« (als Entweder-oder-Frage) zu formulieren. »Offen« bedeutet – salopp formuliert –, dass man das Gegenüber aus der Reserve lockt und zu möglichst umfangreichen Antworten verleitet. Da ist das Warum schon sehr verlockend, führt aber oft in eine Sackgasse. Warum? Weil das Gegenüber entweder »dichtmacht« oder im Abwehrmodus irgendeine Antwort liefert. In puncto Qualität, Ergiebigkeit und Zuverlässigkeit ist diese meist nicht so der Brüller.

Warum – mit Volldampf in die Sackgasse!

Das Verheerendste am *Warum* ist, dass es eine komplett andere Wirkung erzeugen kann als beabsichtigt. Während Wie-, Was-, Wann- und Wo-Fragen Beschreibungen herausfordern, wird man bei den Warum-, Weshalb- und Wieso-Fragen gezwungen, eine Erklärung zu liefern. Dieser Unterschied wird meiner Meinung nach viel zu wenig beachtet – auch in der Journalistenausbildung.

Warum führt oft in die Sackgasse. Auf eine erste Spur zu dieser Erkenntnis brachte mich Reinhold Messner. In seinem Buch *Berge versetzen* schreibt er: »Mit der Frage nach dem Warum schon beginnt das Scheitern.« Ich musste diesen Satz mehrmals lesen, bevor ich ihn verstand. Mit der Frage nach dem Warum soll ... was bitte? Alles scheitern? Kurz davor hatte ich die Theorie von Simon Sinek gelesen, die die Warum-Frage ins Zentrum aller Fragen stellt: *The Golden Circle*. Ich war echt gespannt, was der Extrem-Bergsteiger dem zu entgegnen hatte.

Messner kümmerte sich nie um seine innere Motivation dafür, als erster Mensch alle vierzehn Achttausender im Alpinstil (ohne künstlichen Sauerstoff und Fixseile) sowie einen Achttausender im Alleingang zu besteigen. Und er fragte sich auch nicht, warum er die Antarktis zu Fuß durchqueren wollte. Ihn hat immer nur das Wie, Was, Wann und Wo interessiert. Die Intuition wurde zur Vision und die Vision zur Projektion: Er konnte den großen Plan in einzelne, beschreibbare Projekte aufteilen. Seine Fragestellung: Wie schaffe ich das? Was brauche ich dafür – finanziell, körperlich, logistisch? Wann beginne ich? Mit welchem Berg fange ich an? Wow!, dachte ich, das bedeutet für mich eine neue Dimension für zukünftige, bewusst geführte Dialoge. Beruflich und privat.

Es ist traurig: Wenn wir Außenstehenden uns fragen, warum Menschen beispielsweise extreme Abenteuer suchen, dann landen wir schnell bei der Antwort, dass sie etwas zu kompensieren haben. Strenger Vater, zu kleine Körpergröße, schlechte Schulnoten, was weiß ich. Hätte Messner nach dem Warum gefragt, würde er heute vermutlich leicht übergewichtig, arm an Lebenserfahrung und tendenziell frustriert auf der Couch eines Psychotherapeuten liegen. Für diese Berufsgattung ist die Warum-Frage ein echter Kundengenerator. Entschuldigen Sie: Patientengenerator.

Dumm gelaufen

Mit der Warum-Frage gescheitert bin ich erstmals im Jahr 2000. Als »KlarText«-Talkmaster des Schweizer TV-Fensters von RTL und ProSieben durfte ich mit Herbert Grönemeyer reden. Es war sein erstes Interview nach dem Tod seines Bruders und seiner Frau. Für rund zwei Jahre hatte sich Grönemeyer nach England zurückgezogen. Was für eine Chance, was für ein großartiger Mensch: ernst und doch witzig, tiefgründig und leidenschaftlich, gescheit und kreativ. So jemanden Interessanten zu befragen, ist sehr einfach. Wenn man es richtig macht ...

Das interviewtechnische Grounding ging so vonstatten: »Ich stellte mir lange Zeit die Schuldfrage«, offenbarte der schicksalsgebeutelte Musiker nachdenklich. Und nun raten Sie mal, was ich gefragt habe? Genau: »Warum hast du das gemacht?« Peng! Fertig. »Tja, das ist eine große Frage«, war seine Antwort. Er hatte keine Antwort. Er wusste es nicht. Was hätte er auch sagen können? »Weil ich mir schuldig vorkam.« Toll. Und dann? Sehen Sie, wie man mit solchen Fragestellungen gute, durchdachte und abgewogene Antworten im Keim erstickt? Brutal. Das ist die Folge: eine Supernull-information.

Schade, dass ich nicht gefragt habe:

- In welcher Situation kam diese Schuldfrage auf?
- Wie konntest du sie beantworten?
- Was hat dir in der Zeit am meisten geholfen?
- Wer war dir besonders wichtig?

Das sind Fragen, die zu ausführlichen Beschreibungen führen. Wer aufmerksam hinhört, erfährt Muster, Präferenzen und Strategien des Gegenübers. Und das alles ohne Forderung, ohne Gewalt. Die meisten Menschen fühlen sich in die Ecke gedrängt, wenn sie mit der Warum-Frage konfrontiert werden. Von dort aus reagieren sie instinktiv wie verfolgte Tiere: Sie verteidigen sich, zeigen Krallen, ziehen Waffen oder verstellen sich. Oder sie fangen an zu jammern. Die Warum-Frage ist oft die Ouvertüre zu einem massiven Jammer-Tsunami, der alle Sperren niederreißt und nicht zu stoppen ist. Ein weiterer Grund, das Warum zu meiden.

Ein anderes Beispiel: Kennen Sie Uriella, die Geistheilerin? Und Icordo, ihren Angetrauten? Auch sie kamen als Gäste in meine Sendung. Beide ganz in Weiß gekleidet, mit vielen Perlen und Glitzerzeugs und hübsch toupierten Frisuren. Für das Fernsehen ist das ein gefundenes Fressen: je eigenwilliger jemand ist, desto höher die Quote. Beide, übrigens sehr nette und zuvorkommende Menschen, saßen ganz aufrecht auf der Sofakante, die Hände auf den Knien, die Handflächen nach oben. Das ist schon eher speziell, nicht nur visuell. Und doch verdienen es auch solche Menschen, ernst genommen und respektiert zu werden. Das ist allerdings eine Herausforderung, denn eine faire und konstruktive Fragestellung beginnt mit der neutralen Wahrnehmung und mit dem ehrlichen Interesse an Unterschieden.

»Was machen Sie da genau?« war meine Einstiegsfrage. »Wir empfangen so die Stimme Gottes«, antwortete Uriella, geheimnisvoll lächelnd wie Mona Lisa. »Ach so, und weshalb tun sie das?« Peng! Fertig. Schon wieder. Ich Depp. Uriella hat sich bestimmt nie Gedanken darüber gemacht, *warum* sie die Stimme Gottes empfängt. Die machte sich wahrscheinlich einfach eines Tages bemerkbar. Es existiert ja nicht nur das, was wir selbst erfahren können. Ich hätte lieber fragen sollen, wie die Stimme Gottes klingt, statt nach dem Motiv ihres Kontakts zum Überirdischen. Redet er eine Sprache? Ist es ein Mann oder eine Frau? Wie kommt die Stimme von Uriellas Händen in ihren Kopf? Was nimmt sie dort wahr? Was hört sie genau? Gibt es einen Filter? Herrgott nochmal – hätte ich mir diese Gedanken doch schon früher gemacht! Das ist übrigens schon wieder ein falscher Ansatz. »Hätte ich es doch anders gemacht« funktioniert ebenfalls nicht – doch den Konjunktiv behandeln wir später.

Merke: »Weisheit entsteht dadurch, indem wir zusammen ehrlich unsere Unterschiede diskutieren, ohne die Intention, diese zu ändern.« (Gregory Bateson)

Wer nicht fragt, bleibt dumm!

Graben wir nochmal ein bisschen tiefer: Warum fragen denn überhaupt so viele Menschen nach dem *Warum*? Lassen Sie uns die destruktive Warum-Spur weiterverfolgen und aus verschiedenen Blickwinkeln betrachten. Wer nicht fragt, bekommt auch keine Antwort. Fragen sind unentbehrliche Werkzeuge, wenn der Mensch zu verstehen versucht, warum er tut, was er tut, und wie die Dinge funktionieren und zusammenhängen. Fragen, die wir uns selbst stellen, fordern uns auf, uns in ein großes Unbekanntes hineinzuwagen, um zu lernen, zu wachsen und zu erkennen, dass wir nie »am Ende der Weisheit« angelangt sein werden.

Kennen Sie die Geschichte vom Bären mit der Todesliste? Der Bär war gemäß Gerüchten im Besitz einer solchen Liste, und alle Tiere im Wald hatten schreckliche Angst. So kam es, dass der Hirsch zum Bären ging und fragte, ob sein Name auf der Liste stehe. Der Bär schaute nach und sagte: »Ja, dein Name steht auf der Liste.« »Sag, dass es nicht wahr ist!«, flehte der Hirsch. »Doch«, antwortete der Bär, »es ist so. Hier steht dein Name.« Niedergeschlagen berichtete der Hirsch den wartenden Tieren über seine Begegnung mit dem Bären – und wurde zwei Tage später tot aufgefunden. Da ging das Wildschwein vorbei und bat den Bären, in der Liste nachzuschauen. »Auch du bist drauf«, brummte der Bär. Das Wildschwein erschrak und war zwei Tage später ebenfalls tot. Darauf ging der Fuchs zum Bären, um zu hören, dass auch er auf der Liste stehe. Da sagte der Fuchs: »Du Bär, noch ne Frage: Kannst du mich von der Liste streichen?« – »Klar«, meinte der Bär, »kein Problem.«

Es gibt Situationen im Leben, da möchten wir etwas und trauen uns nicht, danach zu fragen. Kennen Sie das auch? Beispielsweise haben Sie vielleicht Hemmungen, in einem Geschäft nach einem Rabatt zu fragen, oder Bedenken, Ihren Chef um eine Gehaltserhöhung zu bitten. Aus Angst vor einem »Nein« fragen wir erst gar nicht. Vielleicht ist es die Angst vor Enttäuschung, vor Ablehnung, davor, dumm dazustehen, oder davor, sich etwas zu vergeben. Dabei haben wir in den meisten Fällen gar nichts zu verlieren. Im Gegenteil: Wir können nur gewinnen. Denn wenn wir nichts tun, haben wir bereits verloren.

Wenn Sie also etwas wirklich möchten, dann fragen Sie danach. Fragen kostet nichts, außer vielleicht ein kleines bisschen Überwindung. Und Sie können dabei so viel gewinnen.

Fragen trainieren

Wie überall ist es mit dem Fragen natürlich eine Sache des Trainings. Je öfter Sie fragen, desto leichter und routinierter wird es.

Wenn Sie 10-mal fragen und 5-mal davon ein »Nein« hören, dann haben Sie immer noch 5-mal ein »Ja« gehört. Wenn Sie nie fragen, hören Sie kein einziges »Ja«.

Warum ist der Himmel blau?

Erwachsene können von Kindern viel lernen – zum Beispiel, wie man Fragen stellt. Erwachsene verbieten sich Fragen, fragen Google oder haben keine Fragen mehr. Kinder sind neugierig, wollen die Welt begreifen und ihr eine Ordnung geben. Daher fragen sie. »Der, die, das, wer, wie, was, wieso, weshalb, warum – wer nicht fragt, bleibt dumm!« So heißt es im berühmten Sesamstraßen-Lied, das nicht nur Kinderohren bestens vertraut ist. Doch mit der kindlichen Warum-Frage beginnt der Erklärungsnotstand: Die wenigsten Eltern wissen, warum der Himmel blau ist, warum der Tisch »Tisch« heißt und warum der Mann auf dem gegenüberliegenden Gehsteig einen Hund hat.

Wenn Erwachsene nach dem Warum fragen, wollen sie mehr über die Hinter- und Beweggründe wissen, möchten irgendetwas besser verstehen und zuordnen können. Kleinkinder nutzen das Warum, damit ihnen die Welt in großen Zusammenhängen erklärt wird. Dabei helfen ihnen wissenschaftliche Erläuterungen wenig – man braucht den blauen Himmel nicht mit Spektralfarben und Lichtstreuung zu begründen. Kinder möchten mit den Erwachsenen ins Gespräch kommen und erfahren, wie diese die Welt sehen. Kindliche Warum-Fragen zielen auf Fakten und auf Verhalten ab, sie wollen Wissen sammeln und gehen deshalb auch alltäglichen Kleinigkeiten gern auf den Grund. Sie sind generell entschuldigt – obwohl vor allem die Warum-Fragerei Erwachsene in den Wahnsinn treiben kann.

Szenen wie diese kennen alle Eltern: »Warum darf ich keine Schokolade haben?« – »Weil es gleich Essen gibt.« – »Warum darf ich dann keine Schokolade essen?« – »Weil du dann gleich keinen Hunger mehr hast.« – »Warum muss ich Hunger haben?« – »Damit du essen magst und nicht verhungerst.« – »Warum darf ich dann keine Schokolade essen?« Touché! Ja, Kinder können nerven. Manche entdecken das Fragespiel schon zwischen zwei und drei, manche mit vier Jahren oder später, und irgendwann kommt der Moment, wo man sich selbst die Frage stellt: Warum gibt es bei dieser internen Fragemaschine eigentlich keinen »Aus-Knopf«?

Auch wenn es so scheint, die Kinder wollen die Eltern in diesem Moment nicht provozieren. Florian Söll, Professor für Schulpädagogik an der Universität Paderborn, hat dafür eine viel einfachere Erklärung. Er geht davon aus, dass Kinder nur eine weitere Fähigkeit perfektionieren wollen, nämlich die, Fragen zu stellen. Bei der Suche nach Aufmerksamkeit ist das Fragen sicher ein probates Mittel das Interesse der Eltern zu binden. Und weil Kinder nicht blöd sind, erkennen Sie schnell, wie einflussreich sie mit dieser Strategie sind. Mit der Warum-Frage setzen sie besonders viel in Bewegung.

Die Qual der Wahl

Eltern treiben wiederum ihre Kinder in die Ecke, wenn sie beispielsweise fragen: »Warum hast du der Puppe den Arm ausgerissen?« Was werden hier für Antworten erwartet? Dass die vierjährige Tochter vielleicht reflektiert: »Ich habe gegenüber meiner Freundin eine starke Frustration verspürt und musste dem inneren Druck Raum geben.« Wohl kaum. Denn sie kennt ihre Motivation nicht und folgt oft einfach einer Eingebung. Und diese wiederum kann ein Kind nicht erklären. Und Erwachsene übrigens auch nicht.

»Rund 22 000 Entscheidungen treffen wir täglich«, sagt der Münchner Hirnforscher Ernst Pöppel, »die meisten davon blitzschnell.« Andere Studien reden gar von mehr als 80 000 Entscheidungen pro Tag. Das fängt gleich nach dem Weckerklingeln an: noch ein paar Minuten weiterdösen oder gleich aufstehen? Müsli oder Croissant? Welche Sockenfarbe? Casual oder elegant? Unglaublich: Wir entscheiden, je nach Quelle oder Rechnung, rund alle 2 bis 3 Sekunden irgendetwas, mehr oder weniger bewusst.

Viele dieser Entscheidungen treffen wir spontan, also unbewusst: Schuhe binden, den Blinker setzen, die Zeitung am Kiosk bezahlen, die Empfangsdame grüßen, einen Kaffee holen. Andere Entscheidungen treffen wir bei vollem Bewusstsein, weil wir vorher Vor- und Nachteile abwägen: Frau Müller Pralinen bringen, dem Chef beim Meeting widersprechen, einem anderen Verkehrsteilnehmer den Vortritt gewähren.

Als Skiakrobat habe ich gelernt, dass viele Entscheidungen intuitiv erfolgen. Wenn man zum Beispiel beim Absprung etwas zu viel Rückenlage hat, führt dies zu einer unerwünscht schnellen Rotation. Damit man den Sprung nicht »überzieht«, streckt man automatisch die Arme in die Höhe und verlängert somit den Körper, was die Rotation abbremst. Diese Aktion braucht keine bewusste Entscheidung. Diese Tatsache war oft hilfreich.

Warum tust du das?

In gewissen Situationen sind Warum-Fragen eindeutig masochistisch begründet, weil wir bereits wissen, dass uns die Antwort nicht gefallen wird. Ja, manchmal sogar, dass sie für uns verletzend oder ernüchternd sein kann. Jetzt können wir uns natürlich fragen, warum Warum-Fragen so selten zum gewünschten Ziel führen und weshalb wir sie trotzdem – wider besseres Wissen – immer wieder stellen.

Lesen Sie bitte die folgenden Fragen durch und nehmen Sie dabei Ihre Gefühle wahr. Was geschieht, wenn Sie solche Fragen hören:

- Warum hast du das Glas hier hingestellt?
- Warum hast du es ihr nicht gesagt?
- Warum gehst du heute Abend schon wieder aus?
- Warum passiert das immer mir?
- Warum kann ich das nie richtig?

Ich glaube, Sie spüren es: Oft steht das Warum am Anfang einer Auseinandersetzung. Wenn solche Fragen gestellt werden, haben Befragte sehr schnell das Gefühl, sich auf irgendeine Art und Weise rechtfertigen zu müssen. Häufig, und meistens zu Recht, werden in diesen Fragen unterschwellige Vorwürfe wahrgenommen – und zwar unabhängig davon, ob wir uns selbst oder einem Gegenüber die Frage stellen. Zu einer konstruktiven Auseinandersetzung, an deren Ende wir einander besser verstehen, kommt es meist nicht mehr.

»Warum streiten wir schon wieder?« – »Weil DU vorhin schon wieder …« Dieser Sound ist in der Jammerblues-Hitparade auf den vordersten Plätzen zu finden. Da steckt kein Interesse für den wahren Grund der Meinungsverschiedenheit drin. Und das Wohlergehen des Anderen scheint auch egal. Hintergrund dieser Sackgassen-Kommunikation sind persönliche Erwartungen, Interpretationen oder Projektionen. Kein Wunder also, wenn der mit »Warum« Befragte unter emotionalen Druck gerät, in diesen fünf Buchstaben einen versteckten Angriff wittert und höchstwahrscheinlich mit irgendwelchen Rechtfertigungen oder einem Gegenangriff reagiert.

Ein anderes Beispiel: Wenn ein Familienmitglied später als angesagt nach Hause kommt, ist es sicher gut zu fragen: »Ist alles in Ordnung? Ich habe mir Sorgen gemacht. Und ich bin froh, wenn du mir zukünftig kurz ein Zeichen gibst, wenn es später wird.« Doch das machen wir viel zu oft eben genau nicht. Stattdessen fragen wir: »Warum kommst du erst jetzt?« Das klingt nicht nur ganz anders – es ist auch anders gemeint.

Das Warum betrachtet das Leben im Rückspiegel, es fragt nach Zusammenhängen und Auswirkungen. Und es lebt von Schuldzuweisungen. Eine kausale Erklärung schließt von einer Ursache auf eine Wirkung. Sie setzt die Wirkung als Tatsache voraus und sucht nach einem ursächlichen, direkten Zusammenhang zur Wirkung. Warum-Fragen führen zur Begründungssemantik. Ein »Warum?« fordert ein »Weil!« – da wir Menschen die Neigung haben, hinter allem eine Ursache zu vermuten. Wir meinen, durch Warum-Fragen zu tieferen Erkenntnissen zu kommen. Getreu dem Motto: Es ist besser, eine falsche Ursachenvermutung zu haben, als gar keine Erklärung.

Womit wir auf die Frage: »Warum liebst Du mich?« kommen. Eine perfekte Antwort darauf gibt es nicht, weil wir nicht wissen, was der andere erwartet. Was immer wir auch sagen, welche Komplimente uns dann auch immer in den Sinn kommen: Gleichzeitig sagen wir dabei auch ganz vieles nicht. Wir verschweigen zwangsläufig etwas, weil wir nicht GLEICHZEITIG ALLES sagen können. Das Ausgesprochene ist immer nur eine verkürzte Darstellung des inneren Erlebens. Wenn wir zum Beispiel sagen: »Du siehst heute entzückend aus«, kann die Antwort schnell mal sein: »Aha, gestern habe ich dir also nicht gefallen!« Die Botschaft entsteht beim Empfänger, lehrt uns Watzlawick – und beweist uns oft schmerzlich die Realität.

Lieber auf »Nummer Sicher«!

Unser Verstand ist darauf gedrillt, Antworten auf alle Fragen des Lebens zu geben. Das verschafft uns eine vermeintliche Sicherheit in einer Welt voller Unsicherheiten. Dass er an dieser Aufgabe ständig scheitert, hindert den überambitionierten Verstand nicht daran, es immer und immer wieder zu versuchen. Wirklich Neues, Spannendes oder Revolutionäres kommt dabei natürlich nicht heraus, da der Verstand, basierend auf dem Erinnerungsvermögen, bei seinen Bemühungen immer nur auf Bekanntes und auf alte Erfahrungen zurückgreifen kann. Neues wird mit Bekanntem abgeglichen, und im Zweifel entscheiden wir uns fürs Gewohnte, anstatt Unbekanntem eine Chance zu geben.

Bei den oben erwähnten zigtausenden von Entscheidungen, die wir täglich treffen, ist es einfach »sicherer«, auf Bewährtes zurückzugreifen. Landläufig sprechen wir dann von Gewohnheiten. Die machen das Leben um vieles leichter – aber auch passiver. Letzteres kann ja wohl nicht das Ziel sein. Und wie steht es um den inneren Dialog, den wir mit uns selber führen? Wenn wir uns selbst Warum-Fragen stellen, hören wir oft Selbstvorwürfe heraus und verharren in der Vergangenheit. Auch hier ist es wichtig, Fragestellungen zu finden, die uns konstruktiv weiterbringen und uns nicht in die Jammerfalle stürzen lassen. Denken Sie einfach an Reinhold Messner, wenn Sie sich diese Fragen stellen – und starten Sie Ihren eigenen Gipfelsturm.

 Zielführende Fragen

- Was möchte ich ändern?
- Wie gehe ich es an?
- Was brauche ich dazu?
- Wann beginne ich damit?
- Wer kann mich dabei unterstützen?

Die Macht der richtigen Fragen

Fragen haben ungeahnte Kräfte. Sie können etwas schaffen, aber auch zerstören. Gute Fragen lösen bei Menschen echtes Nachdenken aus. Sie setzen Kreativität frei und schaffen Eigeninitiative. Gute Fragen bringen neue Erkenntnisse. Gute Fragen lösen Konflikte, bringen Beziehungen weiter, führen Menschen zusammen. Gute Fragen sind Führungsinstrument, Beziehungsinstrument, Kreativitätsinstrument. Wie viele Fragen stellen Sie pro Tag ungefähr? Eine? Fünf? Hundert? Keine? Es werden wohl nicht allzu viele sein. Und meist erinnern wir uns auch an die wenigsten davon – was einen einfachen Grund hat: Wir machen uns über das Fragenstellen zu wenig Gedanken. Und das ist ein gewaltiger Fehler, denn gerade in der richtigen Fragetechnik versteckt sich unfassbar viel Nutzen:

• Die richtigen Fragen lenken ein Gespräch in eine gewünschte Richtung.
• Die richtigen Fragen öffnen verschlossen geglaubte Türen.
• Die richtigen Fragen eröffnen neue Perspektiven.
• Die richtigen Fragen führen einen schneller ans Ziel.
• Die richtigen Fragen lenken die Gedanken des Gesprächspartners.
• Die richtigen Fragen erzeugen Nähe und Sympathie!

Aha-Erlebnisse haben ihren Ursprung in der Regel in einer Frage. Wer die richtigen Fragen stellt, ist interessiert und neugierig – gierig nach Neuem und nach Erkenntnissen. Wer richtig fragt, macht sich selbst interessant für andere.

Deshalb gibt es wohl so viele uninteressante TV-Talker, Interviewer, Hosts und wie sich die selbstverliebte Garde sonst noch bezeichnet. Nur wenige interessieren sich doch wirklich für die Meinungen, Rezepte oder Lösungsansätze ihrer Gäste. Mit Warum-Fragen inszenieren und positionieren sie höchstens sich selbst und lassen einem lehrreichen Austausch keinen Raum. Es gibt natürlich auch hier löbliche Ausnahmen – aufmerksame und respektvolle

Moderatorinnen und Moderatoren, bei denen sich die Menschen wohlfühlen, sich öffnen und bereit sind, ihre Erfahrungen zu teilen.

Beim Erlernen von Fragekompetenzen geht es also vor allem darum, in der jeweils passenden Art und Weise an Informationen zu gelangen, ohne dabei der befragten Person zu nahe zu treten.

Check-up: Geschickt fragen

Es war einmal eine Frau ... die mochte ich überhaupt nicht. Von Anfang an. Sie war Co-Trainerin eines Seminars im Schwarzwald, und ich war einer von rund 20 Teilnehmenden. Schon in der ersten Pause hörte ich mich vorsichtig nach Verbündeten um. »Ah, du findest auch, dass ... hmmm ...« Dann baute ich innerhalb 48 Stunden ein perfektes Mobbing auf. Mit Rückendeckung der aufgebrachten Meute forderte ich vom Seminarleiter, er solle diese Dame doch bitte nach Hause schicken.

»Wir mögen sie nicht«, war mein Argument.

»Was magst du nicht?« fragte er.

»Na, schon wie sie jeden Morgen reinkommt!«

»Wie kommt sie denn rein?«

»So, so ... hochnäsig. Irgendwie auch verschlafen«, erinnerte ich mich.

»Und wie kommst du rein?«

»Ich?! Ich grüße erst mal alle, mache vielleicht einen Spruch, einfach ein bisschen Action.«

»Aha«, meinte er, »und sonst so? Was macht sie sonst noch, was dir nicht gefällt?«

Ich sag's Ihnen: Nach drei oder vier geschickten Fragen wusste ich, wo das Problem saß: bei mir. Ich kam nicht klar mit dem Unterschied zwischen dem Verhalten dieser Frau und meinem Normal-verhalten. Dank der richtigen Fragestellung wurde es mir bewusst, und von diesem Moment an konnte sie mich nicht mehr aufregen und hatte somit auch keine Macht mehr über mich. Ich wunderte mich höchstens noch und lernte, dass Unterschiede sehr interessant sein können, wenn ich sie möglichst wertfrei betrachte.

Also: Wenn auch Sie mehr ehrliche Antworten im Leben erwar-ten, untersuchen Sie, welche der W-Fragen zielführend ist. Manch-mal kann das durchaus die Warum-Frage sein – doch seien Sie sich bewusst, dass dann nach Motivationen gefragt wird.

Bauanleitung für geschickte Fragestunden

- Das WARUM betrachtet Situationen im Rückspiegel und sucht nach Beweggründen, welche wir (und andere) oft nicht kennen.
- Die WARUM-Frage steht oft am Anfang von Auseinandersetzun-gen und führt in eine Sackgasse.
- Mit WIE-, WAS-, WANN und WO-Fragen können Situationen und Zustände beschrieben werden. Niemand muss sich erklären oder ein Verhalten begründen.
- Ehrliches Interesse führt zu mehr und wertvolleren Informationen.
- Wundern Sie sich mehr über Unterschiede und ärgern Sie sich weniger.

KAPITEL 6

Raus aus der Jammerfalle mit den richtigen Worten

Wenn Worte meine Sprache wären ist der wunderbare Titel eines Lieds, in dem der Sänger Tim Bendzko sein Leid klagt, nicht die richtigen Worte zu finden, um seiner Angebeteten seine Liebe zu gestehen. Das ist natürlich tragisch – und komisch zugleich, denn wir leben in einer Gesellschaft mit schier unbegrenzten Kommunikationsmöglichkeiten. Analog, digital oder Face to Face – Worte können bewegen, Worte können berühren. Doch wenn die Sprache nicht bewusst und vielfältig eingesetzt wird, dann verkümmert der Dialog. Mit dem Jammern ist es anders. Es ist kommunikationstechnisch gesehen ein Monolog, eine Einbahnstraße. Frei nach dem Motto: Ich lasse den Frust einfach mal raus, egal ob es jemanden interessiert oder nicht. Ebenfalls eine Einbahnstraße sind die digitalen Medien: Allein in Deutschland sind derzeit (Stand: 2015) mehr als 46 Millionen Mobiltelefone im Einsatz. Computer gibt es in 82 Prozent aller Haushalte, und fast überall (99 Prozent) gibt es mindestens einen Fernseher.

»Wussten Sie, dass mehr Menschen ein Handy besitzen als eine Zahnbürste?«, witzelte SAP-Vorstandschef William McDermott auf der Hauptversammlung 2012. Und das ist ja nicht alles: An jedem Tag werden doppelt so viele Smartphones verkauft wie Babys geboren. Jeder dritte Bundesbürger besitzt bereits mindestens eines. Bei den unter 30-Jährigen sind es mehr als die Hälfte. Die Verhältnisse haben sich verändert, die Werte verschieben sich. Angesichts dieser Zahlen und Aussagen kann es doch um die Kommunikation nicht so schlecht bestellt sein.

Doch handelt es sich bei der Kommunikation tatsächlich um ein lockeres Heimspiel? Keineswegs, wenn wir die Sache mal genauer anschauen. Wir kommunizieren zwar ständig und auf unterschiedlichste Weise. Doch denken wir bei all den Möglichkeiten darüber nach, WAS wir da eigentlich so sagen? Und dann auch noch, WIE wir es sagen? Oder WAS wir empfangen, WIE wir es werten und WO wir es speichern? Unmöglich. Wir sind überfordert von zu viel, viel zu viel Information. Die Kommunikationsgesellschaft macht uns zunehmend »sprachlos«, weil wir durch enorm viel Spam gelähmt werden. Die Reizüberflutung macht uns fertig. Wir brauchen dringend ein paar Filter.

Was ist Kommunikation?

Ich mag diese Frage nicht, denn die Antworten sind immer die gleichen. Professor Watzlawick hat große Arbeit geleistet, wirklich. Und klar, man kann Kommunikation durchaus aus wissenschaftlicher Sicht betrachten. Doch in der Praxis nutzt die Sender-Empfänger-Theorie wenig, weil wir offensichtlich trotzdem einfach drauflosplappern, wie uns der Schnabel gewachsen ist. Die meisten Menschen interessiert es doch nicht die Bohne, wie das Gesagte beim Gegenüber ankommt und was es anrichtet. Diesbezüglich hat

Jammern die Wirkung von Mundgeruch: Man selbst merkt es nicht, aber die Anderen wenden sich ab. Jammern stört die Kommunikation, es tötet den Dialog.

Zwar kommen wir allein auf die Welt und treten ebenso ab. Doch Alleinsein heißt nicht zwingend auch Einsamkeit. Kommunikation kann Beziehungs-Brücken bauen, sie dient dem Transfer von Wissen, dem Äußern von Meinungen und Bedürfnissen, sie gibt Gefühlen ein Sprachrohr. Wir kommunizieren untereinander nicht nur mit Worten, sondern unterstreichen das Gesagte mit Gestik und Mimik, mit Tonlage und allerlei Körpersprache. Lustig bzw. komisch wird es, wenn das Gesagte durch die Körpersprache und Intonation ad absurdum geführt wird. Das geschieht dann, wenn man zum Beispiel »Ja, das gefällt mir« sagt und gleichzeitig den Kopf schüttelt – also ein Nein signalisiert. Das Unterbewusstsein des Gegenübers wird damit verunsichert und die Glaubwürdigkeit sinkt. Wer bewusst kongruent und authentisch, also echt kommuniziert, verstärkt die Wirkung des Gesagten und verfügt so über ein wundervolles Instrumentarium.

Aber leider kommunizieren wir oft sehr unreflektiert, plappern irgendwelche Sachen nach und imitieren Meinungen, ohne zu überlegen oder eigene Erfahrungen gemacht zu haben. Das ist gefährlich, denn unsere Sprache steuert unser Denken, und dieses filtert unsere Wahrnehmung. Wir denken, dass wir etwas wissen, doch wirklich wissen tun wir's meistens nicht. Häufig vergessen wir, dass wir durchaus Entscheidungsmöglichkeiten haben und durch eine bewusste Ausdrucksweise unsere Gedanken und unseren inneren Zustand kontrollieren können.

Heutzutage wird viel über Kommunikationsschwierigkeiten geschrieben. Immer weniger Menschen sind in der Lage (oder besitzen den Mut), ihre Meinung, ihre Gefühle und ihr Wissen direkt mitzuteilen. Sie können sich schlicht nicht verständlich machen. Sie sind mehr und mehr unfähig, konstruktive Dialoge zu führen, weil sie nur noch über Abkürzungen, Symbole und Emoticons kommunizieren. Die Quintessenz: Wer »die Sprache verliert«, ist nicht nur allein, sondern wird auch einsam.

Einsam – und das ausgerechnet in einer Kommunikationsgesellschaft?! Ja, das geht, weil mobil-vernetzt-abhängige Menschen primär auf Empfang eingestellt sind. Sie kommunizieren insgesamt weniger direkt miteinander und geben weniger von sich, als sie konsumieren. Weshalb ist wohl die Download-Rate im Internet normalerweise rund zehnmal höher als die Upload-Rate? Eins-zu-eins-Gespräche langweilen solche Menschen, Zuhören macht sie müde und ist uninteressant, das Gegenüber ist insgesamt unattraktiver als das Smartphone. Letzthin saß im Restaurant ein Paar am Nachbartisch, beide so um die 30 Jahre alt. Sie haben während rund zwei Stunden vielleicht drei- oder viermal kurz miteinander geredet. Und das nur, wenn sie dem andern etwas auf dem Smartphone zeigen wollten. Das Menu wurde kalt gegessen, weil es vorher noch fotografiert und in alle Welt verschickt werden musste. Tja – weshalb soll man jemandem in die Augen schauen, wenn das kleine Gerät die ganze Welt repräsentieren kann? Surfen ist hip, ob auf dem Wasser oder im Web. Merke: An beiden Orten findet es nur auf der Oberfläche statt.

Ein einfaches Beispiel: Sie sitzen gemütlich mit Freunden zusammen und plötzlich taucht die Frage auf: Welche Schauspieler haben schon mal in einem James-Bond-Film die Hauptrolle gespielt? Gut, zwei, drei, vier kennt man landläufig, aber waren das schon alle? Noch vor ein paar Jahren hätte man mit diesem amüsanten Wissensaustausch locker eine Stunde füllen können. Heute geht das nicht mehr. Spätestens nach einer Minute hat jemand in der Runde das Smartphone gezückt, Wikipedia oder Google aufgerufen und zitiert den Anwesenden den entsprechenden Eintrag. So gut, so langweilig, so dialog-tötend.

»Gemeinsam einsam« – das ist heute Programm. Das Handy stets griffbereit, gleich neben Messer und Gabel auf dem Tisch. Wissen Sie, wie das Problem temporär lösbar ist? Wenn Sie zum Beispiel mit Freunden essen gehen und irgendwelche Smartphone-Junkies mit dabei sind – dann legen Sie alle Geräte aufeinander. Wer den Stapel zuerst berührt, bezahlt das ganze Essen und den Wein. Die verschärfte Variante: Niemand darf auf lautlos stellen.

Sprich mit mir ...

Digitale Medien sind hier nicht Thema. Außer vielleicht insofern, als ein defektes Handy oder ein Smartphone ohne Empfang ausreichend Grund zum Jammern geben. Und weil man das zurückbekommt, was man aussendet, erntet der Jammerer nur Gejammer. Zumindest ist er dann mit seinem Gegenüber auf einer Wellenlänge. Oft jedenfalls. Zu den Top-Jammer-Themen gehört nicht umsonst das Wetter. Da kann man inhaltlich nichts falsch machen und ist in aller Regel auch einer Meinung. Es herrscht eine kollektive Wetterblues-Stimmung. Doch mit dem richtigen Einsatz von Sprache können wir uns dem entziehen.

Die Sprachentwicklung beginnt recht früh. Noch im ersten Lebensjahr lernen Kinder durch Zuhören, ihre Muttersprache von anderen Sprachen zu unterscheiden – und schon kurz danach wird von den Kleinen Sprache auch aktiv eingesetzt. Plötzlich hören sich die Eltern durch den Mund ihrer Kinder. Das kann recht lustig oder auch frustrierend sein. Je mehr die Eltern mit ihren Kindern sprechen, desto besser wird deren Sprachentwicklung gefördert und unterstützt. Es braucht die direkte Kommunikation, das Gespräch von Mensch zu Mensch, die Resonanz, um diese Fertigkeit zu perfektionieren. Läuft der Fernseher oder wird im Radio gesprochen, hat das auf die Entwicklung der Sprache bei Kindern keine Wirkung. Die Kleinen brauchen den Live-Effekt: Sprache kombiniert mit Gestik und Mimik – nur so können sie den Kontext erfassen und lernen. Es ist wichtig, »normal« mit den Kindern zu reden, auch mit den Kleinsten. Doch das gestaltet sich im Alltag schwierig, denn die Spiegelneuronen frischgebackener Eltern spielen verrückt, und so imitieren sie oft ihren Nachwuchs. Mit strahlenden Gesichtern sagen erwachsene Menschen »Miau-Miau« anstatt Katze, »Wau-Wau« anstatt Hund oder »Tschu-Tschu« an Stelle von Eisenbahn. In einem solchen Umfeld wird den Kindern die Möglichkeit genommen, sich später präzise und differenziert auszudrücken.

Die sprachlichen Fähigkeiten wachsen im Laufe eines Lebens und werden durch Erfahrungen, Wissen und Erkenntnisse angereichert. Wir sammeln Erinnerungen und erwerben Fertigkeiten. Das alles ist »Futter« für die grauen Zellen. Kleine Kinder lernen noch nebenbei, die etwas Größeren »erwerben« Wissen – erst im Kindergarten und dann in der Schule. Je älter ein Mensch wird, desto schwieriger und aufwändiger ist es, Neues zu lernen. Die Hirnforschung weiß, dass nur ein regelmäßiges Training das Hirn in Topform bringt – und damit es fit bleibt, ist es gut, ständig neue Herausforderungen anzunehmen. Zu viel Sicherheit, Regelmäßigkeiten und Gewohnheiten wirken lähmend.

Die Hirnforschung beweist zudem Folgendes: In bestimmten Bereichen, zum Beispiel dem Hippocampus, wachsen Hirnzellen ständig nach. Allerdings bleiben die Zellen nur dann am Leben, wenn sie gefordert werden – dann nämlich, wenn der Mensch lernt. Tut er das mal nicht, sterben die Zellen wieder ab und werden durch frische, unwissende ersetzt. In anderen Hirnarealen wächst zwar nichts nach – aber die dort vorhandene Hirnmasse wird nur teilweise genutzt. Erwirbt man neue Fähigkeiten und lernt man in bestimmten Bereichen hinzu, entsteht in diesem Areal zwar nicht mehr Hirnmasse, doch die Verknüpfungen werden mehr, stabiler und schneller. Durch Kommunikation mithilfe digitaler Medien können Sie nur etwas lernen, wenn Sie bereits etwas wissen. Die riesige Informationsmenge, die unter anderem aus dem Internet auf uns einströmt, muss kanalisiert und selektiert werden, um als Wissenszusatz verwertet zu werden. Wenn wir das nicht tun, sind wir heillos überfordert.

Sprachliche Vielfalt? Fehlanzeige

Menschen können sich anderen nur in dem Maße mitteilen, wie sie über die sprachlichen Mittel verfügen. Die Sprache in all ihrer Vielfalt zu erfassen, fällt umso leichter, je mehr davon angeboten wird. Der Vorteil liegt auf der Hand: Wer auf einen reichen Fundus von Wörtern, Begriffen und Allgemeinwissen zurückgreifen kann, versteht die Welt ein bisschen besser und kann sich auch verständlich machen. Er oder sie kann Bedürfnisse, Wünsche, Emotionen, Meinungen und Argumente formulieren – und sich Gehör verschaffen.

Lesen bildet. Und zwar das Lesen von Büchern, Zeitungen und Magazinen – vielleicht sogar das Lesen von Bedienungsanleitungen oder Blog-Einträgen. Das reine Surfen im Internet, die Suche nach Attraktion und oberflächlicher Information, kann dieses Lesen nicht ersetzen, weil dadurch andere Hirnareale beansprucht werden und im Gegenzug eigenständiges Denken und Phantasie auf der Strecke bleiben.

Und dann kommt auch noch das: Kurz-Deutsch! Das gibt es tatsächlich, und Sprachwissenschaftler betrachten diese neue Entwicklung mit einer gewissen Sorge. In dem Buch *Kommst du Bahnhof oder hast du Auto?* gibt die Linguistin Diana Marossek Beispiele für Kurzdeutsch und ergründet die Ursache der WhatsApp- und SMS-Sprachkultur, die ihre Ursprünge in der Kiezsprache zu haben scheint. Sie schreibt: »Seltsamerweise sah (in den Untersuchungen, Anmerkung des Autors) kein Mensch einen Anlass, derlei verkürzte Sätze zu korrigieren.«

Für die sprachliche Praxis bedeutet das: Der Artikel oder die Kombination aus Präposition und Artikel wird weggelassen. Heraus kommen Sätze wie »Ich bin noch Büro«. Die Forscherin, die sich dem Thema bereits in ihrer Doktorarbeit widmete, versuchte daher zu ergründen, warum inzwischen so viele Menschen aller Altersstufen so reden. Ihre Antwort ist geradezu banal: Es ist hip, modern, wirkt jünger. Es grenzt ab. Eine gewählte, facettenreiche Sprache mit Artikeln, Adjektiven, Punkt und Komma verwendet nur jemand von gestern.

Verantwortung für das Wort

Belangloses Geplapper, substanzfreie Monologe – das hat mit Verantwortung für das Wort jedenfalls nichts zu tun. Wer jammert, tut genau das: Er übernimmt keine Verantwortung für das Gesagte. Weil Sprache jedoch auch die innere Haltung beeinflusst, gilt es genau abzuwägen. Denn die heimliche Kraft der Worte verwandelt das Gesagte, häufiger als wir ahnen, in das Gegenteil dessen, was wir wirklich fühlen oder mitteilen wollen.

Ich habe vor Jahren eine Liste mit »Un-Wörtern« erstellt. Das sind Wörter, für die es in den meisten Fällen eine bessere, konstruktivere Alternative gibt. Die Liste ist als Angebot zu verstehen, bewusster auszuwählen und damit die Wirkung besser abschätzen zu können. Mit einigen davon haben wir uns schon beschäftigt. Und es gibt noch viel mehr Worte und Wendungen, die den Sinn des Gesagten verändern. Wir konzentrieren uns weiterhin auf die wichtigsten.

Die wichtigsten »Un-Wörter«

1. Ja, aber …
2. Eigentlich …
3. Immer, nie …
4. Muss – müssen …
5. Warum

Ja, aber …

Ja, aber … ist eine solche Konstruktion. Ich nenne es Ping-Pong-Kommunikation: *Ja, aber* … ist eine Rechtfertigung, und das Gegenüber wird quasi aufgefordert, »zurückzuschlagen«. So gibt ein Wort das andere und man kann bald nichts mehr dagegen tun. Oder vielleicht doch? Wie lässt sich dieser Teufelskreis durchbrechen?

Das JA hört sich höflich an: Man gibt dem Anderen zunächst ein bisschen Recht. Mit dem ABER hebt man die Zustimmung jedoch gleich wieder auf. Das ist nicht nur verlogen, sondern funktioniert auch nicht, weil wir Menschen nicht über Delete- und Erase-Taste oder eine Undo-Funktion verfügen. Gesagt ist gesagt. Das einmal

Ausgesprochene steht als Energie im Raum – manches für immer. Wir können die Speicher nicht löschen, was, zugegeben, manchmal tatsächlich etwas blöd ist.

Stellen Sie sich vor: Sie werfen ihrem Partner ein ganz hässliches Wort an den Kopf und sagen gleich darauf: »Entschuldige – das wollte ich nicht sagen, vergiss es!« Das geht nicht – sie oder er wird sich ewig daran erinnern. Noch nach 20 Jahren werden Sie hören: »Du hast damals am Hochzeitstag dumme »Pieeep« zu mir gesagt.« Autsch!

Vielleicht kennen Sie den Versuch: Probieren Sie einmal, an etwas *nicht* zu denken. So ganz bewusst. Extra *nicht* daran zu denken. Ich kann Ihnen helfen: Denken Sie jetzt mal bitte nicht an ... Angela Merkel! Und? Hat's geklappt? Oder kam da doch spontan ein Bild? Worte erzeugen Bilder, Bilder erzeugen Gefühle, Gefühle werden zu Erinnerungen. Genauso verhält es sich mit dem JA, ABER: Es ist nutzlos und wirkt angreifend und überheblich zugleich.

JA, ABER-Sager sind Menschen, die zu jeder Lösung ein Problem haben. Zu jedem Vorschlag gibt es von ihrer Seite ein Abwehrargument. JA, ABER-Sager sind überall unter uns. In der Politik, im Büro, der Nachbarschaft und, wenn es dumm läuft, sogar in der Familie. Schlagen Sie mal die Zeitung auf oder schauen Sie die Nachrichten an. Egal, wer was macht, meint oder glaubt – irgendjemand ist dagegen, hat Bedenken, sieht ein Problem und geht in die Opposition.

Bei näherer Betrachtung finden wir auch in unserem persönlichen Umfeld eine ganze Reihe von JA, ABER-Sagern. Sie sind leicht zu erkennen. Es sind die Menschen, die in jeder Chance ein Risiko sehen, die alles ganz sorgfältig und genau durchdenken und – richtig – nichts tun und nichts verändern, weil es aus ihrer Sicht mehr Contra- als Pro-Argumente gibt. Negative Erfahrungen und ängstliche Visionen geben dem inneren Umkehrwunsch Nährboden. Sie treten auf der Stelle, schauen gehetzt in die Rückspiegel und fokussieren sich auf Krisen. Jämmerlich.

Was steht dahinter? Es gibt mehrere Beweggründe. So kann es beispielsweise eine Form des Widerstands sein. In erster Linie des Widerstands gegen Veränderungen, in vielen Fällen aber vor allem gegenüber der Veränderung ihrer selbst. Allein die Vorstellung, dass man sein Verhalten ändern könnte oder sollte (wer auch immer das fordert), löst heftigen Widerstand aus. Neue Perspektiven sind nicht willkommen, Rituale und alte Überzeugungen sollen gewinnen, die Komfortzone wird verteidigt. Und wir stehen (oder sitzen) manchmal etwas ratlos daneben und fragen uns, wie man nur »so stur« sein kann.

Dazu eine hübsche Geschichte: Eine Alge wuchs mit tausend anderen Algen an einem Stein in einem Fluss auf. Eines Tages realisierte sie, dass sie ihre gesamte Energie verbrauchte, um sich festzuhalten. Weil ihr das plötzlich sinnlos vorkam, beschloss sie, loszulassen. Sie erzählte ihren Nachbarn von ihrem Plan, und diese wollten sie unbedingt davon abbringen. »Tu das nicht!« – »Doch – ich will etwas erleben. Ich verschwende hier nur meine Energie.« – »Ja, aber du weißt ja gar nicht, was dich erwartet!« Das kümmerte die erwartungsvolle und unternehmungslustige Alge wenig – sie ließ los und schwebte davon. Aufgeregt sahen die anderen Algen auf den benachbarten Steinen mit offenem Mund und großen Augen nach oben und riefen: »Schaut! Unglaublich! Eine Alge, die fliegen kann!«

Die Autorin Leila Kühne de Haan schreibt in ihrem Buch *Ja, aber* ...: »Alles, was vor dem ›Aber‹ steht, ist eine Lüge.« Über diesen Satz musste ich erstmal nachdenken, bevor ich ihn verstanden habe. Stimmt: Wie oft sagen wir in einem Gespräch: »Ich gebe dir recht, aber ...«, »Ich verstehe, was du meinst, aber ...«, »Ich wünsche mir das auch, aber ...«?

Wer ABER sagt, will jemanden besiegen oder sich selbst überlisten. ABER legt das Bewusstsein lahm – es ist, als ob wir in einer Bewegung, einer Äußerung oder einer Meinung verharren und uns selbst nicht aus diesem Stillstand befreien können. Oder es vielleicht auch gar nicht wollen. Auf das ABER bewusst zu verzichten, bedeutet nämlich, Neues interessiert anzunehmen, sich Herausforderungen zu stellen, andere Ansichten und Meinungen gelten zu lassen, Kritik als Feedback zu verstehen und letztlich Erkenntnisse und Erfahrungen zu gewinnen. Mein Vorschlag: Ersetzen Sie das ABER konsequent durch ein UND. Dadurch werden Sie allerdings gefordert, einen konstruktiven Gesprächsbeitrag zu leisten. Deshalb vermeiden es wohl viele.

Jammern will *ja aber eigentlich* niemand

Ich wette, Sie haben heute bestimmt schon mindestens einmal »Ja. Aber eigentlich …« gesagt. Und wenn Sie es nicht gesagt haben, dann haben Sie es von anderen gehört. »Eigentlich geht es mir gut, aber irgendwie …« Na? Erinnern Sie sich?

JA, ABER EIGENTLICH ist ein Abwehrmechanismus, der dazu führt, dass Veränderungen negiert und Informationen ignoriert werden, die offensichtlich zum Umdenken und Handeln auffordern.

Die verbale Abwehr wird immer dann aktiviert, wenn uns (unterbewusst) etwas Angst macht. Das ist normal, denn unser Hirn lässt uns aus evolutionstechnischen Gründen Furcht viel schneller empfinden als Freude. Neue Situationen, wilde Tiere – das Fremde macht Angst. Bei Gefahr wird die Ausschüttung von Stresshormonen angestoßen. Diese Reaktion war in der Steinzeit, als wir mit Knüppeln vor der Höhle hockten, durchaus sinnvoll. Bei Gefahr reagierten wir unmittelbar mit Flucht, Angriff oder Totstellen. Diese Prozesse werden vom limbischen System so schnell ausgelöst, dass unser denkendes Hirn kaum nachkommt. Das passiert unabhängig davon, ob die vermeintliche Gefahr real oder eingebildet ist. So hat unsere Art überlebt, deshalb gibt es uns.

Solche Gefahren wittern wir auch, wenn Ärger mit dem Chef, neue Herausforderungen, Streit mit dem Partner, unausweichliche Entscheidungen usw. auftreten und so langsam die Erkenntnis in uns reift, dass »sich dringend etwas ändern müsste«. Manchmal mache ich in Seminaren folgende Übung: Ich fordere die Teilnehmenden auf, das Zimmer kreativ umzugestalten, während ich fünf Minuten vor die Tür gehe. Da kann es durchaus passieren, dass ein Teilnehmer vorschlägt, die Tische vorerst vor die Türe zu stellen. Dann kommt bestimmt ein anderer Teilnehmer, der sagt: »Ja, aber dann kommt der Dani gar nicht mehr rein.« Und was passiert nun? Die Person, die den Vorschlag gemacht hat, sieht es zwar (faktisch) ein, ist aber (emotional) enttäuscht. Sie wird also nichts mehr sagen, und die Anderen trauen sich wahrscheinlich nicht mehr, etwas Neues vorzuschlagen, denn es könnte ja abgelehnt werden. Der Kritiker hat aus seiner Sicht seinen Beitrag schon gebracht, wird also auch nichts mehr vorschlagen. Na toll. In der Gruppe passiert nichts mehr, es herrscht lähmender Stillstand.

Hätte die Person, die zuvor kritisiert hat, gesagt: »Ja – UND dann schauen wir, wie der Dani sonst wieder reinkommen kann ...« Dann wäre Bewegung im Raum, dann würde man an die Fenster gehen, kreativ werden, Deckenkanäle untersuchen und so weiter. Dann – und nur dann – beginnt ein konstruktiver Dialog: Wenn wir das ABER durch ein UND ersetzen. Ein ABER haut eine Kerbe in die

Beziehungsbrücke, während das UND verbindet. »BUT is a ditch. AND is a bridge«, sagte letzthin ein Seminarteilnehmer in Genf. Das war ein sehr schöner Moment.

Wenn Sie also das nächste Mal ein JA, ABER oder ein JA, ABER EIGENTLICH hören, denken Sie daran, dass Ihr Vorschlag oder Ihre Meinung nicht zwingend schlecht sein muss, sondern dass sich Ihr Gegenüber vermutlich einfach einer Floskel bedient, die ihm in Fleisch und Blut übergegangen ist. Schade, denn die heimliche Kraft dieser Worte verwandelt das Gesagte in das Gegenteil dessen, was wir fühlen oder mitteilen wollen. Und zwar häufiger, als wir ahnen.

»Mit Worten lässt sich trefflich streiten ...«

So spottet Mephisto in Goethes *Faust* über die Wortklauberei und lädt ein, nicht zu streiten, sondern Sprache bewusster wahrzunehmen und somit selbstbewusster zu werden. Worte vielfältig zu nutzen und zu variieren ist eben keine trockene, theoretische Angelegenheit, sondern hat etwas mit Echtheit, Lebendigkeit, Lebensfreude und positiver Ausstrahlung zu tun.

Worte spiegeln Gedanken, erzeugen Gefühle und gestalten Realität. Allein deswegen gilt es, sorgfältig zu wählen, welche Worte Sie verwenden. Der Ratschlag ist schlicht, die Umsetzung jedoch komplizierter als gedacht: Formulieren Sie positiv und fokussieren Sie sich auf wünschenswerte Möglichkeiten und Machbarkeiten! Das ist bei genauer Betrachtung gar nicht so leicht, weil uns das Negative und die Schwierigkeiten näherliegen. Wenn zum Beispiel ein Enkelkind die Großeltern besucht, warnen die Eltern: »Pass auf, dass du nichts ausschüttest, Opa mag keine Flecken!« Prima!

Was meinen Sie, was nun im Kind programmiert ist? Etwas, das es vorher vermutlich nicht einmal in Erwägung gezogen hat, wird plötzlich bildhafte Realität. Es ist besser zu sagen: »Schau, dass dein Getränk schön im Becher bleibt, Opa mag saubere Tischtücher.« Das ist natürlich keine Garantie, dass niemals mehr etwas Unangenehmes geschehen wird, es ist jedoch der Anfang eines neuen Weges, einer nachhaltigen Veränderung. Wir können, indem wir unsere Sprache bewusst wählen, die Welt verändern. Wirklich!

Wortwahl-Auswahl

Problem	Chance
Muss	Kann, Will
Rückschlag	Herausforderung
Feind	Anderer
Schmerz	Signal
Aber	Und
Deine Schuld	Meine Erkenntnis

Konjunktivitis – Vorsicht, ansteckend!

Hätte, würde, könnte, sollte – hier geht es um die Gefahr der Möglichkeitsform. Was steckt dahinter, wenn wir allein schon durch den falschen Sprachgebrauch die falschen Segel setzen? Denn wer nicht klar und deutlich sagt, was er will, bekommt selten, was er braucht.

Außerdem können wir die Vergangenheit sowieso nicht ändern. Also: Rückspiegel einklappen und – statt über verpasste Möglichkeiten zu jammern – besser etwas Neues, Machbares planen und Wünsche und Forderungen beim Namen nennen.

Könnte, dürfte, möchte … gehören in die Kategorie »Konjunktive« bei den Unwörtern. Wir Schweizer verwenden sie ganz oft. Wir wollen dadurch höflich scheinen. Dahinter steckt allerdings die Idee, die Realität abzumildern. Wer den Konjunktiv nutzt oder der »höflichen Aufforderung« Folge leistet, ist halt lieber ein bisschen freundlich. An der Kasse in einem Schweizer Supermarkt klingt es oft so: »Es würde 12 Franken 80 machen, wenn Sie so gut wären.« Hallo?! Ist das ein echtes Angebot? Kann ich einfach sagen: »Heute mal nicht, danke« und mich dann, ohne zu zahlen, aus dem Staub machen?

Sie kennen das: »Könnte mal jemand das Fenster öffnen?« Ja, klar könnte das jemand. Schließlich haben alle Augen, Hände und Füße. Doch wer ist dieser »Jemand«, der aufstehen und das Fenster öffnen soll? Warum sagen wir es nicht direkt? Im Sinne von: »Peter, bitte öffne das Fenster hinter dir. Danke.« Ist das denn unhöflich? Den Konjunktiv zu meiden bedeutet, sich zu verpflichten und Dinge beim Namen zu nennen. Wer den Konjunktiv weglässt, ist ein Macher und wird auch so wahrgenommen. Wie schon gesagt: Sprache kreiert Realität. Und plötzlich erheben wir uns, auch nonverbal, über die Konjunktiv-Jammerer dieser Welt.

Der Konjunktiv verhindert unsere unmittelbare Handlung. Wenn wir zum Beispiel sagen: »Mich würde mal interessieren …« – dann unternehmen wir doch letztlich überhaupt nichts. *Wann* genau *würde* es uns denn interessieren? Und wenn es dann soweit *wäre*, *würde* es uns dann wirklich noch interessieren? »Ich will wissen, wie …« führt viel eher in die Handlung. Aufstehen, informieren, kommunizieren, was auch immer.

Konjunktiv – grammatikalisch gesehen

Der Konjunktiv ist keine Randerscheinung der deutschen Grammatik. Er hat – richtig und zielgenau eingesetzt – durchaus seine Berechtigung. Drei Funktionsbereiche erlauben (ganz ohne Risiken und Nebenwirkungen) den gekonnten Einsatz: Der Wunsch (»Möge der Beste gewinnen!«), das schier Unmögliche (»Ich wäre schneller fertig, wenn du mit anfassen würdest«) plus die indirekte Rede. Der Bereich Wunsch, der auch jede Form der Aufforderung miteinschließt, ist noch relativ überschaubar und verursacht keine allzu großen Probleme. Der zweite Bereich hingegen ist alles andere als überschaubar. Erfordert er doch, die unterschiedlichen Konjunktive zu unterscheiden und richtig einzusetzen. Konjunktiv I = er sei, sie habe etc. pp. Konjunktiv II = er wäre, sie hätte etc. pp. Was beim Jammern und Klagen am häufigsten zum Einsatz kommt ist – Sie ahnen es – der Konjunktiv II: »Hätte ich deine Figur, könnte ich alles essen, was ich wollte!« Oder: »Hätte ich damals in der Disco diese Frau nicht angesprochen, dann müsste ich heute keine Alimente bezahlen.« Damit bewegt man sich im Bereich der Hypothese, des irrealen Vergleichs und des Zweifels.

Der dritte Bereich ist der Konjunktiv in der indirekten Rede. Er ist Drittklässlern und Journalisten vorbehalten. Schüler müssen den geschickten Einsatz üben. Journalisten wenden ihn perfekt an. Nämlich dann, wenn sie die Worte von Politikern, Managern, Prominenten und Sachverständigen in indirekte Rede umschreiben. Da die Arbeit von Journalisten zum überwiegenden Teil darin besteht, die Worte von anderen mit ihren eigenen wiederzugeben, wimmelt es in Nachrichtentexten von Konjunktiven. Die Beherrschung des Konjunktivs ist daher eine wesentliche Voraussetzung für eine Laufbahn im Journalismus. Oder – konjunktivisch ausgedrückt – sie *sollte* es sein.

Verbale Manipulation

Das Wort »Manipulation« hat einen negativen Beigeschmack – allerdings erst, seit es in der Psychologie Einzug hielt. In seiner ursprünglichen Bedeutung »Handgriff« steht Manipulation in der Medizin für eine Reihe von mit der Hand durchgeführten Techniken, die dem Lösen einer Blockade dienen. Also etwas durchaus Positives. Von der Manipulation der Psyche eines Menschen spricht man dann, wenn dieser zu etwas verführt wird, was nicht zu seinem Vorteil, sondern zu seinem Nachteil ist. Manipulatoren wissen, welche Knöpfe sie bei anderen Menschen drücken müssen, damit diese tun, was von ihnen erwartet wird. Die hohe Kunst liegt darin, es so zu verpacken, dass die Betroffenen denken, sie wollten es von sich aus. Bei dieser Fähigkeit liegen Gut und Böse sehr nah beieinander.

Sich beklagen ist auch eine Form der Manipulation. Deshalb sind wir auch stets versucht, dem Jammerer auf den Leim zu gehen. Überhaupt hat Manipulation viele Gesichter: Sie kann verführerisch oder verständnisvoll sein, beleidigend oder überschwänglich, zögerlich oder offensiv. Die Grenze zwischen gesunder Überzeugungskraft und negativer Manipulation sind fließend. Deutliches Merkmal: Manipulierte Mitmenschen handeln zum eigenen Nachteil – oder zum Vorteil des anderen. Es lohnt sich deshalb durchaus, dem Jammerer mal genau auf dem Mund zu schauen und sich zu fragen: Was will er von mir?

Tarnkappe: Schlagfertigkeit und Kritik

In unserem 4you-Netzwerk werden wir hin und wieder gefragt, ob wir auch Schlagfertigkeits-Seminare anbieten. Unsere Antwort darauf: »Klar. Gerne. Wen wollen Sie denn genau verletzen?« Zugegeben, diese Antwort hört sich schlagfertig an. Doch nur deshalb, weil wir darauf vorbereitet sind. Das macht es einfach. Es ist schon klar, dass Menschen gern verbal origineller, sicherer und selbstbewusster reagieren möchten, als sie es gewöhnlich können. Damit könnten sie dann auch den ewig jammernden Mitmenschen endlich mundtot machen! Sie sehen, die Reaktionen auf Jammerei können recht aggressiv sein.

Muss man denn wirklich an allem und jedem rummeckern? Kann man nicht seine höchstpersönliche Meinung oder negative Stimmung einfach für sich behalten und andere nicht damit belästigen? Schwierig. In Zeiten von sozialen Netzwerken und Bewertungs-Mentalitäten wird alles transparent. »Ihre Meinung ist uns wichtig …« Kennen Sie solche Aufforderungen? Die perfekte Steilvorlage für jeden Jammerer, so richtig vom Leder zu ziehen.

Schauen wir mal den Unterschied zwischen Kritik und Jammern an. Der ist schnell erklärt: Kritik regt an, Jammern stellt ab. Jammerer zwingen Ihre Mitmenschen dazu, Verantwortung für die Umstände zu übernehmen, die ihnen nicht passen. Doch der Grat zwischen konstruktiver Kritik, die anderen helfen kann, und Jammerei, die nur dem Jammerer dient, ist schmal. Einen Unterschied wahrzunehmen ist dementsprechend schwer. Für die meisten Menschen gibt es keinen. Denn Kritik wird, im Gegensatz zur Jammerei, häufig persönlich genommen und verfehlt dadurch das Ziel: eine Veränderung zum Positiven herbeizuführen.

Konstruktive Kritik nennt man auch Feedback. Und dieser Begriff ist im Gegensatz zur generellen Kritik eher positiv besetzt, weil man nämlich per se nicht davon ausgeht, gleich zur Schnecke gemacht zu werden. Vielmehr erhält man – im Idealfall – wertvolle Hinweise darauf, wie man etwas besser machen kann. Blinde Flecken werden ausgeleuchtet, und man erfährt, wie man mit seinem Verhalten auf andere wirkt. Destruktive Kritik hingegen ist ein vernichtender Rundumschlag, der kein Problem löst, sondern Schuldige sucht und neue Probleme verursacht. Viele Menschen sagen: »Ich bin halt ehrlich.« Dabei vergessen sie, dass sie die Welt nur aus ihrer Perspektive sehen können. »Ehrlichkeit« ohne Empathie wirkt meistens verletzend.

Es ist natürlich manchmal sinnvoll, sich zu beschweren und auf Missstände hinzuweisen. Doch wie unterscheidet man konstruktive Kritik von destruktivem Jammern? Dabei hilft vielleicht die folgende Fragestellung: Wie wahrscheinlich ist es, dass man durch die Kritik etwas zum Besseren verändert? Wenn die Wahrscheinlichkeit nicht hoch ist, dann braucht es keine Kritik. Und wenn Kritik zu nichts führen kann, dann heißt sie Jammerei.

Zurück zur Schlagfertigkeit. Ich gebe den Fragenden folgenden Tipp: Bösartige Kritik und Vorwürfe kontert man am besten durch Übertreibung. Ja, setzen Sie noch eins drauf, wie einst Jesus. Der sagte in seiner berühmten Bergpredigt: »Widersteht nicht dem, der böse ist, sondern wenn dich jemand auf deine rechte Wange schlägt, so wende ihm auch die linke zu.« Wie großartig ist das denn? Ein perfektes Deeskalations-Modell!

Es ist schon mehr als dreißig Jahre her, seit ich Spitzensportler war. Man sieht es; die Zeit hinterlässt Spuren. Weniger Bewegung, mehr Essen, mehr Wein, die Haut verliert an Spannkraft – mit andern Worten: Ich sehe aus wie etwa im dritten Monat schwanger. Ich bin nicht stolz darauf. Und dann kommen noch die sogenannten Freunde auf mich zu und sagen: »Boah – hast du zugenommen!« Was soll ich da sagen? Die tausend schlauen Sprüche aus den »Killerphrasen-Büchern« sind dummerweise spontan nicht abrufbar. Und: »Ha! Schau mal dich an! Auch nicht besser ...!« wirkt irgendwie verzweifelt, hilflos und auch primitiv. Also los: Mutig eins draufsetzen! Wie das geht? Heute schaue ich bei solchen Attacken lächelnd an mir runter und sage:»Stimmt, du hast recht.« Dann drehe ich mich um und fahre fort:»Doch schau mal hier hinten. Das Schlimme ist, dass ich auch am A... so zunehme.« Dann wird es jeweils still. Das Opfer hat sich auf den Rücken gelegt, und der Angreifer weiß nicht, wie er damit umgehen soll. Das Opfer hat gewonnen.

Üble Nachrede

»Wenn Du nichts Gutes über einen Menschen zu sagen hast, dann sag besser gar nichts.« Das hört sich nett an. Und? Halten Sie sich persönlich daran? Wenn ja, dann haben Sie noch nie mit jemandem über Beziehungsprobleme gesprochen. Sie ahnen sicher, worauf es hinausläuft: Das Klagen über Partner, Kinder, Schwiegereltern oder Kollegen gehört mit zu den ergiebigsten Jammer-Themen überhaupt. Menschen, mit denen wir in einer engen Beziehung stehen, werden häufig Opfer solch übler Nachrede.

In aller Regel möchte man sich ja nur mal kurz Luft machen – denn würde man seinen Liebsten all die Nörgeleien ins Gesicht sagen, würde das wohl das Aus der Beziehung bedeuten. Man nennt das auch »Triangulations-Kommunikation«. Das bedeutet, man spricht mit anderen Menschen über Dritte. Will man es positiv interpretieren, so tut man das, um einen anderen Blick auf das Problem zu bekommen. Tatsächlich koppelt man sich emotional ab; man dissoziiert sich. Wie wir inzwischen wissen, lassen sich über Ratsch, Tratsch und Jammerei keine Probleme lösen, sondern nur neue Unstimmigkeiten erwecken. Denn man kann Probleme nur lösen, wenn man direkt, unmissverständlich und möglichst empathisch mit der Person kommuniziert, die es betrifft. Mit anderen darüber zu sprechen, verändert rein gar nichts.

Was Sie sich von solchen Gesprächen erwarten, ist klar: Unterstützung, Beistand, Trost. Und richtig – das sind all die Aufmerksamkeiten, die auch ein Jammerer gerne hat. Der Lösungsvorschlag dazu ist unbequem: Reden Sie nicht schlecht über andere Menschen, wenn diese nicht dabei sind. Betrachten Sie es als eine Lebensaufgabe. Stellen Sie sich einfach vor, es würde jedes Gespräch aufgezeichnet und publiziert. Das hilft! Und wenn Sie Kinder haben, können Sie ihnen in diesem Sinne noch Folgendes mit auf den Weg geben: Andere zu »verpetzen« geht gar nicht!

Reden ist Silber, Schweigen ist Gold

Ich hoffe, Sie haben aufgrund der vorliegenden Lektüre eine Sensibilität für das Jammern entwickelt. Wenn dem so ist, wird Ihnen umso mehr bewusst werden, wie viel Jammerei immer noch in Ihrer eigenen Sprache steckt. Reflexion ist wichtig und es ist gut, wenn Ihnen Ihre Wortwahl bewusst wird. Wenn Sie überlegter formulieren und es weitgehend durchziehen, dann werden Sie feststellen, dass Sie mit bestimmten Personen in Ihrem Umfeld plötzlich weniger zu reden haben. Wenn Ihnen dieser Gedanke zunächst nicht sympathisch ist, fragen Sie sich einmal, ob Schweigen nicht eine bessere Alternative ist als Jammern!

Vor kurzem konnte ich von dieser Erkenntnis Gebrauch machen. Ich war auf dem Rückweg von Wien, der erste Flug am frühen Morgen, Economy wie immer. Hinter mir ein Kind, das bei jedem dritten Satz jämmerlich geweint (oder weinerlich gejammert) und mir permanent die kleinen Füße in den Rücken gestoßen hat. Nix mit schlafen. In Zürich angekommen war dann die Verkäuferin im Duty-Free-Shop noch äußerst unkooperativ, weil ich den Boarding-Pass nicht mehr fand. So verpasste ich letztlich die schnellste Zugverbindung in die Stadt. In dieser Stimmung wählte ich die Nummer meiner Frau. Doch bevor sie abnehmen konnte, hängte ich wieder auf. Weshalb? Es konnte ja wohl nicht sein, dass ich meine Frau mit einer solchen Stimmung am Morgen herunterziehe. Und was für ein Bild hätte ich abgegeben? Der Chefjammerer, uneins mit dem bösen, bösen Schicksal! Rund 30 Minuten später klang ich ganz anders. Das Kind war vergessen.

Es gibt etwas, das man die Macht des Schweigens nennen kann. Schweigen – also abwarten – lässt einen beispielsweise klug und überlegen erscheinen. Schweigen allein oder gemeinsam ist sehr kostbar – drauflosplappern ohne nachzudenken macht hingegen vieles kaputt. Sehr schön ist es, in der Partnerschaft eine gewisse Zeit bewusst zu schweigen. Packen Sie eine Flasche Rotwein in einen Rucksack, etwas Rohschinken und Weißbrot dazu (kann auch antialkoholisch, vegetarisch und glutenfrei sein) und setzen Sie sich gemeinsam mit Ihrem Partner an einen Fluss. Vereinbaren Sie eine Schweigezeit, zum Beispiel zwei Stunden. Sie werden staunen, welche Gedanken und Gefühle plötzlich in Ihnen auftauchen.

Ein weiterer Vorteil, den Sie aus dem bewussten Schweigen ziehen können: Es erlaubt eine sorgfältige Wortwahl. Im Gedanken vorzuformulieren ermöglicht es zum Beispiel, Negatives positiv zu formulieren. Und je öfter Sie innehalten und das, was Sie sagen wollen, überprüfen, desto treffender werden Sie formulieren. Übernehmen Sie Verantwortung! Es lohnt sich.

KAPITEL 7

Raus aus der Jammerfalle mit einer Prise Humor

Jammern erstickt Heiterkeit und Humor im Keim. Im Umkehrschluss bedeutet das, dass Humor durchaus ein probates Mittel gegen Jammerei ist. Doch woher nehmen, wenn einem so gar nicht nach Lachen zumute ist? Schwierig. Aber klar ist: Lachen hilft gegen jammervolle Gedanken und Worte. Es heitert die Stimmung auf und ist, wenn man den Experten glauben will, auch noch gesund. Das ist – vor dem Hintergrund, dass der deutschsprachige Teil Europas den Humor nicht gerade erfunden hat – doch interessant.

Ich persönlich finde ja, dass der Spaß spätestens dann aufhört, wenn man das Lachen statistisch untersucht. Sie ahnen es vielleicht – es gibt durchaus Zahlen dazu: Bei einer repräsentativen Emnid-Umfrage kam beispielsweise heraus, dass ein Drittel der 1007 Befragten schon lange nicht mehr laut gelacht hat. 91 Prozent wünschten sich, öfter mal mit anderen zu scherzen. In den 50er Jahren wurde rund dreimal so viel gelacht wie heute – durchschnittlich 18 Minuten pro Tag. Vielleicht liegt es am Pillenknick – also daran, dass es immer weniger Kinder gibt. Denn die Kleinen wissen noch sehr gut, wie gute Laune geht: Sie lachen rund 400 Mal am

Tag. Erwachsene schaffen heutzutage durchschnittlich gerade mal 15 Lacher täglich. Und dazu gehören auch die Lustigen und Fröhlichen, die sehr viel lachen. Also gibt es viele, die praktisch nichts zu lachen haben. Es kommt einem vor, als gäbe es Menschen, die sich morgens vor den Spiegel stellen, sich verkniffen anschauen und sagen:»Lächle. Los! Dann hast du es hinter dir.« Immerhin scheinen sie schon einmal davon gehört zu haben, dass es gut ist, wenn man den Tag mit einem Lächeln beginnt. Die Lage ist ernst, finden Sie nicht auch?

Nun kann man die Statistiken auch ausblenden, die uns für gänzlich humorfrei halten. Allerdings wird es für eine Gesellschaft, die zum Lachen in den Keller bzw. zu öffentlichen Großveranstaltungen gehen muss, vielleicht wirklich eng. Unter Umständen stehen Stand up-Comedians und Kabarettisten deshalb momentan so hoch im Kurs und kassieren feine Gagen, weil sie beim Publikum für Lachanfälle und Schenkelklopfer sorgen. Allein schon das ist witzig.

Der Soundtrack des Lebens

Bereits Alfred Adler (1870–1937), der Begründer der Individualpsychologie, war der Auffassung, dass Humor die Begabung eines Menschen sei, der Unzulänglichkeit der Welt und den alltäglichen Schwierigkeiten mit heiterer Gelassenheit zu begegnen. Das gelingt den meisten Menschen immer seltener. Die steigenden Zahlen psychischer Erkrankungen wie Depressionen und Burnout zeigen das eindrucksvoll. Vieles spricht dafür, dass sich die emotionale Gesamtlage verdüstert hat und Gelassenheit ein Fremdwort geworden ist. Hierzu passt wunderbar das *Gelassenheitsgebet*, welches vermutlich (es gibt dazu unterschiedliche Quellenangaben) Reinhold Niebuhr vor dem oder während des Zweiten Weltkriegs verfasst hat (hier in der deutschen Übersetzung von Theodor Wilhelmsaus):»Gott, gib mir die Gelassenheit, Dinge hinzunehmen, die ich nicht ändern kann, den Mut, Dinge zu ändern, die ich ändern kann, und die Weisheit, das Eine vom Anderen zu unterscheiden.«

Biologisch gesehen sind Emotionen komplexe Verhaltensmuster, die sich im Laufe der Evolution herausgebildet haben. Jede Erfahrung, die wir machen, alles, was wir lernen, wird im Gehirn mit dem entsprechenden Gefühl verknüpft, das wir in dieser (oder einer ähnlichen) Situation empfinden. Je intensiver dieses Gefühl ist, umso deutlicher bleibt es in unserem Gedächtnis verankert. Das nennt man dann Lebenserfahrung. Je größer dieser Erfahrungsschatz ist, umso differenzierter wird auch das emotionale Bewertungssystem.

- Emotionen helfen, damit wir uns im Alltag orientieren können. Ein Beispiel: Viele Entscheidungen treffen wir »aus dem Bauch« heraus. Wir erleben das ständig, auch wenn uns das gar nicht bewusst ist. Selbst wenn wir rational abwägen und nur die Vernunft entscheiden lassen wollen, ist es häufig dieser erste Impuls, der uns zu der einen oder anderen Entscheidung führt.
- Emotionen sind ein Bewertungssystem, das mehr oder weniger gut ausgebildet sein kann. Es ist nicht von Anfang an komplett, sondern wird durch unsere alltäglichen Erfahrungen ständig erweitert und verfeinert. Alles, was wir erleben, hat eine Wirkung. Wenn wir also nichts Neues erleben und keine neuen Fertigkeiten dazugewinnen, bleiben wir stehen.
- Emotionen sind der Soundtrack, der alle Gedanken und Wahrnehmungen zunehmend einlullt.

Doch: Was sind Emotionen? Die Wissenschaft konnte sich bislang auf keine allgemeingültige Definition einigen, vielmehr existieren vor allem widerstreitende Beschreibungen eines Phänomens.

- Die einen sagen, es seien Reiz-Reaktions-Muster, die durch Umweltgegebenheiten ausgelöst werden.
- Andere sehen darin eine neurophysiologische Reaktion, die nur im Gehirn stattfindet und die wir nicht beeinflussen können.
- Manche Experten vertreten die Auffassung, Emotionen stellten eine soziale Konstruktion dar: Letztlich sei unser soziales Umfeld dafür verantwortlich, welche Gefühle wir in bestimmten Situationen haben.

Wie auch immer: Emotionen sind ein grundlegender Bestandteil des menschlichen Wesens. Ohne sie wäre das Leben oft sehr viel unspektakulärer. Sie zeigen, wie wir mit unseren Gefühlen wie zum Beispiel Angst, Freude, Mitleid, Liebe etc. umgehen. Wie wir Zustände managen. Emotionen dominieren unseren Alltag. Und wenn sie überwiegend negativer Art sind, dann kann es passieren, dass sich die Freude unbemerkt aus dem Alltag schleicht.

Verlierer erkennt man schon am Start

Jedes Gefühl geht auch mit einer körperlichen Reaktion einher. Je intensiver sich das Gefühl meldet, desto deutlicher reagieren wir. Wir können lächeln oder lachen. Wir können sogar so sehr lachen, dass uns die Tränen kommen. Wir weinen vor Freude, aus Rührung oder weil wir traurig sind. Und natürlich können wir an mannigfaltigen körperlichen Reaktionen auch erkennen, wie es anderen

Menschen geht. Wir können unser Gegenüber allein anhand der Körpersprache verstehen. Nonverbal, ganz ohne Worte.

Emotionen werden aus einem Zusammenspiel zwischen Gedanken, Gefühlen und den entsprechenden Körperreaktionen sichtbar. Sie sind untrennbar miteinander verbunden. So können wir im Gesicht unserer Mitmenschen lesen wie in einem offenen Buch. Es sind kleinste Muskelkontraktionen, die uns etwas über die Gemütslage unseres Gegenübers verraten. Wissenschaftler sprechen von den *somatischen Markern*. Ein Versuch dazu ging beispielsweise so: Versuchspersonen wurden unterschiedliche Bilder gezeigt. Dabei zeichneten Sensoren im Gesicht die Muskelreaktionen auf. Jedes Mal, wenn die Probanden emotional stark aufgeladene Bilder anschauten, reagierte ein bestimmter Muskel oberhalb der Augenbraue. Das Gleiche geschieht übrigens, wenn unangenehme Gedanken aufgerufen werden. Bei neutralen Bildern oder positiven Gedanken dagegen bleibt dieses Muskelspiel aus.

Somatische Marker

Entdeckt wurden sie von António Damásio, einem portugiesischen Neurowissenschaftler, der vor allem im Bereich der Bewusstseinsforschung arbeitete. Er stellte die Theorie auf, dass alle Erfahrungen, die ein Mensch im Laufe seines Lebens macht, in einem speziellen Gedächtnis gespeichert werden. Erlebtes wird hier positiv bzw. negativ bewertet und so gespeichert. Durch minimalistische körperliche Reaktionen zeigt sich, wie eine Erfahrung eingeordnet wird. Innerhalb von Millisekunden signalisiert der Körper »Stopp« oder »Go«. Das Denken bleibt auf der Strecke.

Den körperlichen Ausdruck von Gefühlen erleben wir ständig. Oft werden sie uns aber nur dann wirklich bewusst, wenn sie besonders stark ausgeprägt sind. Wenn wir uns beispielsweise so erschrecken, dass uns »die Haare zu Berge stehen«, wenn wir vor lauter Aufregung »weiche Knie« oder »einen Kloß im Hals« haben. Und auch die Liebe macht sich bemerkbar – mit »Herzklopfen« oder »Schmetterlingen im Bauch«. Es gibt Dinge, die wir einfach nicht unter Kontrolle haben. Doch es ist durchaus möglich, den Effekt der somatischen Marker umzudrehen. So wie Gefühle in unseren Körper hineinwirken, können wir auch – umgekehrt – mit bewussten Körperhaltungen unsere Gefühle beeinflussen.

 **Angst macht klein**

Angst sorgt häufig dafür, dass wir uns zusammenkauern, unser Körper verkrampft sich automatisch. Wenn wir uns dessen bewusst werden, können wir uns dagegen wehren, auch ohne Anlass in dieser »Angsthaltung« zu sein: indem wir uns physisch aufrichten und tief durchatmen. Allein dadurch fühlen wir uns besser. Interessant: Untersuchungen zeigten, dass pessimistische Menschen, die mit einem miesepetrigen Gesicht unterwegs sind, einen weniger gut durchbluteten Rücken haben.

Mut zur Lücke

Es ist ein wunderschöner Tag, und Sie entschließen sich spontan, einen Spaziergang zu machen, anstatt in der klimatisierten Kantine ein Standardmenü zu konsumieren. Ihr Weg führt Sie in den nahegelegenen Park. Sie nehmen auf einer Bank Platz, beobachten interessiert andere Spaziergänger oder einen kleinen Hund, der einen viel zu großen Ast abschleppt. Herrlich! So allein mit sich selbst lassen Sie Ihren Gedanken freien Lauf – und stoßen alsbald auf ein Problem. Bei genauer Betrachtung ist es aber lediglich eine negative Emotion, die sich da einschleicht und Ihre Gedanken besetzt. Wenn Sie das flüchtige Gefühl nicht weiter beachten, wird es bald wieder verschwinden. Am einfachsten überlagern Sie es mit einer positiven Erinnerung. Jedoch ist es allzu menschlich und somit normal, dieses Gefühl als »Problem« zu definieren und unmittelbar nach einer »Lösung« zu suchen. Das führt zur negativen Emotion. Als weiterer Beschleuniger auf der Abwärtsspirale kommt noch die Selbstkritik dazu: »Warum kann ich nicht einfach zufrieden hier sitzen? Ich will doch einfach nur glücklich sein. Doch in der Tat bin ich unglücklich.«

Der Verstand übernimmt das Zepter und versucht nun unter Hochdruck, das Problem »technisch« zu lösen – wie ein Ingenieur. Ganz blöd, denn so verstrickt man sich nur noch tiefer in die negative Gedankenspirale. Wir fokussieren uns ganz und gar auf die Lücke, nämlich die Diskrepanz zwischen Ist- und Soll-Zustand. Für Ingenieure ist das ein probates Mittel, Lösungen für ein Problem zu finden. In Bezug auf die Psyche des Menschen wird diese Diskrepanz als Differenz zwischen *unglücklich sein* und *glücklich sein* gedeutet. Eine Sinnkrise entsteht und unsere Emotionen hauen uns immer tiefer ins Dilemma. Denn mit der Konzentration auf die Lücke wird diese immer größer, ja manchmal sogar existenziell. »Was stimmt nicht mit mir, dass ich noch nicht einmal eine Mittagspause im Park genießen kann, ohne zu grübeln?« Und genau an diesem Punkt liefert unser Verstand jede Menge brillante Erklärungen: Vielleicht ist es der Hunger, weil Sie das Essen in der Kantine haben ausfallen lassen. Vielleicht hat der herumtollende Hund eine schmerzliche Erinnerung geweckt. Vielleicht hat ein Lied aus einem Lautsprecher Wehmut ausgelöst.

Was jedoch tatsächlich passiert, ist folgendes: Wir haben aus einer Mücke einen Elefanten gemacht – uns auf die Lücke konzentriert und sie aufgeblasen. In der Geometrie nennt man das *Strahlensatz*. In der Optik heißt es *Projektion*. Die Astronomie bezeichnet es als *Schwarzes Loch*. Anstatt eine Brücke in angenehmere Gebiete zu bauen, haben wir uns noch weiter vom Ziel entfernt, einfach glücklich zu sein.

Nichts bleibt ewig

Erinnern Sie sich noch an Ihre erste Liebe? Die Aufgeregtheit? Den ersten Kuss? Wunderbar, nicht wahr? Und jetzt denken Sie mal daran, wie alles zu Ende ging: Die Enttäuschung, der Schmerz, die Hoffnungslosigkeit, die Verletzungen. Wahrscheinlich hat man Ihnen damals gesagt: »Die Zeit heilt alle Wunden.« Ja, und damals hielten Sie es nur für einen dämlichen Spruch. Heute wissen Sie, dass viel Wahres darin steckt. Und wenn dem so ist, dann frage ich mich, warum wir Menschen uns – trotz der Erkenntnisse über die langfristig positive Wirkung des Schicksals – immer wieder runterziehen lassen.

Unsere Erfahrung zeigt: Wir sind nicht unsere Gedanken. Gedanken kommen und gehen – ohne unser Zutun. Wir können zusehen, wie sie scheinbar aus heiterem Himmel kommen und auch wieder weg sind – wie Rauch oder zerplatzende Seifenblasen. Wir hingegen bleiben. Was wir daraus lernen können: Alle Gedanken und Gefühle – auch die negativen – sind vergänglich. Weder können wir etwas dagegen noch müssen wir etwas dafür tun – sie vergehen von allein. Doch diese Gelassenheit fällt uns schwer. Statt abzuwarten, jammern wir und machen damit alles nur noch schlimmer. Wir springen auf den fahrenden Zug, gießen Öl ins Feuer und verstärken durch unsere Emotion, das Jammern, die negativen Gefühle, die sich ohne unser Zutun längst verflüchtig hätten. Ein arabisches Sprichwort sagt: »Die Hunde bellen, die Karawane zieht weiter.«

Es gibt jedoch auch Menschen, die gehen Problemen konsequent aus dem Weg. Denken Sie daran: Das Gehirn gleicht negative Gefühle mit früheren Erfahrungen ab und verstärkt dadurch die negative Emotion. Die daraus entstehende Tendenz, sich immer tiefer in negative Gedanken zu verlieren, können Sie stoppen. Machen Sie sich bewusst, dass die Beeinflussung unserer Emotionen auch umgekehrt funktioniert. So kann zum Beispiel ein Lied, das in der Vergangenheit eine wohltuende Bedeutung hatte, in der Gegenwart eine Kaskade von wünschenswerten Gefühlen hervorbringen. Und sogar ein einfaches Lächeln hebt die Stimmung, auch wenn Sie es zuerst »künstlich« erzeugen, etwa durch das Anschauen einer Komödie oder das Anhören einer lustigen Geschichte.

Als Radiomoderator habe ich mir bei Sendungsbeginn ein kleines, fröhliches Publikum aufgestellt: Vier Fotos direkt hinter dem Mikrophon. Ein Herr mittleren Alters mit freundlichem Gesicht, das süße Schauspiel-Mädchen Curly Sue, ein junges Paar in Umarmung und zwei winkende Damen. Zu denen habe ich jahrelang geredet. Sie haben mich immer angelacht, und ich war dementsprechend gut drauf und freundlich zu ihnen. Stellen Sie sich vor, ich hätte ein Bild von Donald Trump oder Kim Jong-un aufgestellt ... Das ist ein weiteres Beispiel für die Interaktion von Körper und Geist: Launen wirken ansteckend. Und ein lächelndes Gesicht wird in den meisten Fällen ein Lächeln ernten. Man nennt es auch Bumerang-Prinzip.

Übung: Gedanken ziehen lassen

Negative Gedanken ziehen negative Emotionen an und diese ziehen wiederum negative Gedanken an. Dagegen hilft ein Moment der Stille. Nicht eingreifen, vorbeiziehen lassen und – vor allem – nicht runterziehen lassen. Es geht.

Humor ist, wenn man trotzdem lacht

In der sprichwörtlichen Wendung »Humor ist, wenn man trotzdem lacht« – die dem deutschen Schriftsteller Otto Julius Bierbaum (1865–1910) zugeschrieben wird – geht es darum, auch negativen Ereignissen etwas Positives abzugewinnen. Humor ist also unter Umständen gar nicht so lustig, zumindest nicht für alle Beteiligten. Weil Witze, Zynismus und Sarkasmus manchmal auf Kosten von Anderen gehen, können die sich dadurch verletzt oder bloßgestellt fühlen.

Humor ist Geschmackssache. Die Menschen lachen über unterschiedliche Dinge – je nach Bildung, Weltsicht, sozialem Status und, unter Umständen, Promille. Jeder Mensch hat seinen ganz individuellen Sinn für Humor. Was den einen vielleicht zu schallendem Gelächter reizen mag, ruft bei einem anderen womöglich allenfalls ein müdes Lächeln oder gar Peinlichkeit hervor. Und alle haben auch individuelle Vorlieben für die Art von Scherzen und Witzen, mit denen sie die Zuhörer zum Lachen zu bringen glauben – weshalb sie immer wieder ähnliche Sachen zum Besten geben.

Die Lachforschung (ja, die gibt es wirklich!) ist eine noch recht junge wissenschaftliche Disziplin. Sie geht unter anderem der Frage nach, was Humor genau ausmacht. Einer ihrer Vorreiter ist der kanadische Psychologieprofessor Rod Martin. Er ist überzeugt: Man kann recht genau differenzieren, in welchem Ausmaß, in welcher Weise und zu welchem Zweck wir Humor insbesondere auch in der zwischenmenschlichen Interaktion einsetzen. Martin unterscheidet:

- Selbstaufwertenden Humor
- Selbstabwertenden Humor
- Sozialen Humor
- Aggressiven Humor

Sie sehen, wenn man Humor ernst nimmt, wird es kompliziert. Es gibt also positiven und negativen Humor – und dann auch noch solchen, der verletzend wirken kann. Sarkasmus, Zynismus oder Ironie. Die Engländer nennen es »Black Humour« – nicht jedermanns Sache.

Positiver Humor, das sind Witze, Scherze, lustige Begebenheiten, positive Selbstironie, die nicht abwerten. Es handelt sich um eine Art von Humor, bei der keine zusätzlich negative Bedeutung mitschwingt und bei der alle mitlachen können. **Negativer Humor** hingegen kann missbraucht werden, um andere Individuen oder Gruppen herunterzumachen. Das Lachen bleibt einem sozusagen im Halse stecken. Spott, Zynismus oder Hohn gehören dazu. **Humor, der gezielt Personen abwertet**, ist ebenfalls negativ. Wer selbst zur Zielscheibe des vermeintlichen Scherzes wird und sich getroffen fühlt, erlebt das äußerst schmerzhaft. Dann ist Schluss mit lustig – meistens jedenfalls.

Positiver Humor besteht aus vier Elementen: (1) **Austausch**: Humor soll im Idealfall einen unterhaltsamen Austausch initiieren. (2) **Geist**: Humor lebt von Zwischentönen. Der Zuhörer soll nachdenken und aufmerksam sein, um die Pointe nicht zu verpassen und sie auch zu verstehen. (3) **Gefühl**: Humorvolle Aktionen gehen mit einem körperlichen Gefühl von Freude und Heiterkeit einher. (4) **Lachen**: Ach ja, man lacht dabei. Diese körperliche Regung ist unverkennbar. So viel zur Theorie, wenden wir uns also der praktischen Umsetzung zu!

 Übung: Lächeln

Nehmen Sie sich etwas Zeit, bevor Sie aus dem Haus gehen. Setzen Sie sich bequem hin, schließen Sie die Augen, stellen Sie sich etwas Schönes vor und lächeln Sie. Die gute Laune erwacht mit Ihnen.

Vorsicht, Witz!

Die praktische Umsetzung von Humor ist an sich ein Witz. Gerade so, als könnte eine lustige Episode zwingend Gelächter provozieren. Der britische Humorforscher Richard Wiseman hat sich auf die Suche nach dem lustigsten Witz der Welt begeben. Keine einfache Aufgabe, denn die Geschmäcker, die »senses of humour«, sind verschieden. Laut Wiseman lachen Frauen gerne über Witze, in denen Männer unvorteilhaft dastehen. Und bei Männern – o Wunder – ist es genau umgekehrt (Stichwort: Einparken).

Jede Nation hat einen ungeschickten Bevölkerungsanteil, über den man sich lustig macht. Deutsche amüsieren sich über die Ostfriesen, Engländer über die Schotten und Städter über die Land- und Bergbewohner. All diese Witze sind ähnlich aufgebaut: Sie führen zu einem unerwarteten Ergebnis oder sorgen zumindest dafür, dass sich der Zuhörer der Witzfigur überlegen fühlt.

Was ist denn nun ein Witz, und wie lernt man, einen Witz zur richtigen Zeit richtig vorzutragen? Treffende Witze zu erzählen ist eine Gefühlssache, ein Talent und braucht auch etwas Mut. Oft ist es eine Gratwanderung, die hin und wieder im Fettnäpfchen endet. Na und? Besser als überhaupt nichts zu wagen. Des Weiteren geht es auch um die richtige Betonung, die Satzmelodie, die leidenschaftliche Körpersprache und das Timing. Das alles setzt dann schon mal voraus, dass man den Text und die Dramaturgie beherrscht, denn es gibt nichts Schlimmeres, als die Pointe zu verhauen.

Es gibt einfache Witze, die beispielsweise auf einem Frage-Antwort-Spiel basieren, und umfangreiche Geschichten, die die Aufmerksamkeit des Zuhörers brauchen, damit man die Pointe richtig platzieren kann. Auch Wortspiele oder Freud'sche Fehlleistungen gehören zum witzigen Repertoire. Und leichter wird das Ganze natürlich, wenn Sie ein »lachbereites« Publikum haben. Denn das ist der Lohn des guten Witzeerzählers: das Lachen, der Applaus, das Schenkelklopfen, die Komplimente. Menschen, die zum Jammern neigen, sind hingegen nur schwer zu bespaßen. In aller Regel haben sie es sich im Jammertal so richtig gemütlich eingerichtet und fühlen sich dort wohl und sicher. Zudem mindert es die Aufmerksamkeit für ihre Probleme, wenn man ihnen mit Humor begegnet.

Lachen vertreibt negative Gedanken

Mit Humor, Witz und einer gesunden Portion Selbstironie lässt sich die Spirale negativer Gedanken durchbrechen und sogar umdrehen. Es gibt sogar Lach-Therapeuten, die Menschen helfen, denen das Lachen vergangen ist. Ist das eher traurig oder lustig? Experten gehen davon aus, dass wir Schmerzen weniger wahrnehmen, wenn wir aus Erheiterung lachen. Haben Sie schon mal einen Begräbniszug in New Orleans gesehen? Zu Beginn werden traurige Lieder gesungen, die im Laufe der Prozession immer fröhlicher werden. Zum Schluss singt, tanzt und lacht die ganze Gesellschaft. Schöne Momente und Erinnerungen überlagern die Traurigkeit. Deshalb gibt es auf den Kinderstationen von Krankenhäusern auch Klinikclowns, die mit bunten Kostümen und roten Nasen den kleinen Patienten ein Lächeln entlocken und ihnen damit temporär ein besseres Leben ermöglichen.

Apropos traurig: Besuche beim Zahnarzt entbehren wohl auch jeglicher Fröhlichkeit. Und gerade deshalb setzten Zahnärzte früher (teilweise auch heute noch) Lachgas ein, bevor sie das Gebiss behandelten. Dies liegt jedoch eher an der schmerzstillenden und hypnotischen Wirkung des Anästhetikums (gerne erinnere ich mich an meine ersten bewusstseinserweiternden Erfahrungen im weichen Stuhl des Schulzahnarztes) als an dessen Nebeneffekt: Gewisse Patienten beginnen spontan zu lachen. Ob das nun die Behandlung vereinfacht, sei einmal dahingestellt.

Der vielleicht wichtigste Aspekt ist jedoch dieser: Lachen lenkt ab. Es bewegt über zweihundert Gesichtsmuskeln und beansprucht das Hirn so sehr, dass praktisch kein Platz für negative Emotionen bleibt. Und deshalb hilft es auch gegen Jammern. Aus dem richtigen Tief helfen uns Menschen wie Charlie Chaplin, Woody Allen, Roberto Benigni, Laurel & Hardy, Monty Python, Loriot und alle andern Klassiker.

Zur Aufhellung des emotionalen Gesamtzustands tragen auch Tiere bei. In der Ausstellung »Bitte berühren«, welche ich vor wenigen Wochen in Zürich besucht habe, wurden Spielzeug-Robben gezeigt, die auf Körperkontakt reagieren. Sie schauen auf, blinzeln niedlich und geben Laute von sich. Diese Emotionsroboter werden erfolgreich bei der Pflege von dementen Patienten eingesetzt. Auch Teddybären sind als Tröster sehr beliebt, weil sie meistens mit freundlichen Gesichtern ausgestattet sind. Auf der Suche nach humorbegabten Tieren bin ich auf Ratten gestoßen. Ja, Ratten! Die können angeblich wirklich so etwas wie Schadenfreude empfinden und diese unmissverständlich artikulieren. Und auch Hyänen machen, wenn sie sich über die Beute hermachen, Geräusche, die sich wie Lachen anhören.

Zwar bringen Tiere – beispielsweise unsere Katzen oder Hunde – uns immer wieder zum Lachen, doch ihre Physiognomie hat mit dem menschlichen Mienenspiel nicht viel zu tun. Delfine sehen zum Beispiel so fröhlich und lieb aus. Aber wussten Sie, dass diese sympathischen Säugetiere einige recht ruppige sexuelle Verhaltensweisen praktizieren? Forscher reden gar von sexueller Nötigung der Weibchen. Tja, so kann man sich täuschen. Im umgekehrten Fall müssen beispielsweise Hundebabys erst einmal lernen, dass lachende (und dabei Zähne zeigende) Menschen keinen Angriff planen, sondern nur Freude zeigen.

Lachen gehört, wenn man es mal so interpretiert, zur ältesten Waffe der Menschheit. Schon der Steinzeitmensch hatte für die Verteidigung von Leib und Leben nur drei Möglichkeiten: Angriff, Flucht oder Totstellen – das haben Sie bereits gelesen. Das »Zähne zeigen« wird logischerweise dem Angriff zugeordnet. Vielleicht entstand daraus auch das zynische Lachen. Zu Zeiten von Kaisern und Königen gab es die Hofnarren, die das Volk bzw. die Majestät zum Lachen bringen mussten, auch wenn ihnen selbst nicht danach war.

Und auch heute noch wird durch ein gesundes Gebiss Kraft und Zuversicht ausgestrahlt. Oder zumindest ein gutes finanzielles Polster.

Lachen ist gesund

Dass wir alle viel zu ernst durchs Leben gehen, ist mittlerweile hinlänglich bekannt. Das soll sich ändern, fordern Gelotologen (also Lachforscher), und verweisen auf die segensreichen Nebenwirkungen des Lachens. Gerade gegen das Jammern ist Lachen ganz wichtig. Denn wenn wir lachen, wirkt sich das auf Körper und Seele aus. Lachen baut Stress ab, entspannt und setzt Glückshormone frei. Finden wir etwas witzig oder amüsant, lachen wir darüber. Im Körper passiert dann Folgendes: Lachen regt das limbische System an, also die Schaltstelle im Gehirn, die eine zentrale Rolle bei der Entstehung und Bewertung von Emotionen spielt.

Nun lacht ja nicht jeder Mensch gleich, und bestimmt gibt es zu jedem Lacher und jedem Lachen eine passende Studie. Eines haben sie gemeinsam: Schallendes Gelächter aktiviert die meisten Lachmuskeln im Gesicht und versetzt die Stimmbänder in heftige Schwingungen. Gleichzeitig schnellt unter anderem der Puls nach oben, die Atmung wird angeregt und die Haut stärker durchblutet.

Ein herzhafter Lachanfall kann − kurzzeitig − ähnliche Reaktionen auslösen wie die Einnahme von Kokain. US-Wissenschaftler haben nachgewiesen, dass Lachen dieselben Hirnregionen anregt wie die Droge. Die Euphorie, sie sich nach einem heftigen Lachanfall wohltuend und fast ganzkörperlich einstellt, wird im Belohnungszentrum des Gehirns, dem *nucleus accumbens*, ausgelöst. Dort findet auch Suchtverhalten seinen Ursprung. Ist das nicht toll? Lachen macht süchtig!

Zu Risiken und Nebenwirkung: Studien rund um das Lachen

- Ein Forschungsteam um Michael Miller vom University of Maryland Medical Center in Baltimore hat herausgefunden, dass Lachen die Durchblutung verbessern und Herz-Kreislauf-Erkrankungen vorbeugen kann. Untersucht wurde die Wirkung von Komödien und Kriegsdramen auf die Durchblutung der Hauptschlagader. Die Durchblutung nach der Komödie war deutlich erhöht, das Drama schnitt entsprechend schlechter ab. Die Forscher schlussfolgerten: Lachen hält das innerste Gewebe der Blutgefäße gesund, reguliert den Blutfluss und den Innendruck der Blutgefäße. Für ein gesundes Herz-Kreislauf-System wird eine tägliche Lachdosis von mindestens 15 Minuten empfohlen.

- Für die Figurbewussten: Ein US-Forschungsteam um Maciej Buchowski von der Vanderbilt University in Nashville behauptet, durch 10 bis 15 Minuten intensives Gelächter am Tag könne man in einem Jahr durchschnittlich zwei Kilogramm abnehmen.

- Darüber können die Schweizer Forscher nur lachen. Professor Willibald Ruch, Leiter der Fachgruppe Persönlichkeitspsychologie und Diagnostik an der Universität Zürich, beschäftigt sich seit mittlerweile 25 Jahren mit Humor. Die gesundheitliche Bedeutung des Lachens werde vor allem in Medienberichten häufig überbewertet, kritisiert er.

- Allerdings brachte ihn ein anderer Schweizer Kollege dann doch ins Grübeln: Er relativierte seine Kritik, nachdem er selbst zusammen mit dem Pneumologen Martin Brutsche vom Universitätsspital Basel nachweisen konnte, dass regelmäßiges Lachen bei lungenkranken Patienten die Funktionsfähigkeit der Lungen verbessert.

- In einer anderen Studie zeigte Ruch, dass Lachen hilft, körperliche Schmerzen besser zu ertragen.

Die Wirkung des Lachens lässt sich mit der euphorisierenden Wirkung vergleichen, die etwa Langstreckenläufer erleben. Herz-Kreislauf-System, Zwerchfell, Stimmbänder, Gesichts- und Bauchmuskeln werden stark angeregt, was unter anderem zu erhöhtem Blutdruck, Anstieg des Sauerstoffgehalts im Blut und zu einer Art inneren Massage des Unterbauchbereichs führt. Wenn man diese Aufzählung liest, wird einem fast schwindelig. Klar, Lachen ist auch anstrengend. Der damit verbundene physische Aufwand kann bei eher humorbefreiten Personen ohne weiteres zu Muskelkater führen. Diese Symptome weichen jedoch bei länger anhaltendem Lachen (etwa fünf bis acht Minuten heißt es) einem Gefühl der Entspannung und Entkrampfung. Es gibt spezielle Therapien, mit denen man versucht, Krankheiten mit Lachen zu bekämpfen. Die Hormone (insbesondere Endorphine), die beim Lachen freigesetzt werden, stärken unser Immunsystem.

Wellnesseffekt: Lachen glättet Falten

Mehr als zweihundert Muskeln sind notwendig, damit ein Mensch lachen kann, heißt es. Oder hundert. Oder fünfzig. Tatsächlich werden auf Internetseiten, die sich scheinbar wissenschaftlich mit der menschlichen Anatomie befassen, irgendwelche Zahlen verbreitet. Die beliebteste Kombination ist: 17 Muskeln für das Lächeln und 43 für das ernste Gesicht. Nun gut. Lebensratgeber ziehen daraus den Schluss, dass man sich die Mühe des Runzelns sparen sollte, und betonen, wie gesund doch das Lachen sei, gerade weil so viele Muskeln beansprucht würden. Manche Lachforscher behaupten, ein paar Minuten intensives Lachen hätte dieselben Effekte wie 20 Minuten Joggen. Der Körper spanne ebenfalls zahlreiche Muskeln an, komme danach in eine Entspannungsphase und schütte letztlich Glückshormone aus. Mein Vorschlag zur bequemen Lebensgestaltung: Gehen Sie in den Park, setzen Sie sich auf eine Bank und schauen Sie 20 Minuten den Joggern zu. Amüsieren Sie sich und lachen Sie dabei bitte heftig: über die Outfits, den Laufstil, die verkniffenen Gesichter und so weiter und so fort. Dabei kommen Sie nicht ins Schwitzen und nehmen trotzdem ab. Perfekt! In diesem Sinne: Glauben hilft auch hier.

Damit wir Glück empfinden können, braucht es vier Botenstoffe: Dopamin, Noradrenalin, β-Endorphin und Serotonin. Ohne sie ist keine Kommunikation im Gehirn möglich. Jede Emotion, jedes Gefühl, jede Stimmung, alle Gedanken, alles »Denken«, jede Entscheidung, jede Erinnerung und überhaupt alles, was wir tun oder lassen, wird durch diese vier Zutaten bestimmt. Alles, was in unserem Gehirn abläuft, ist an sie gebunden.

Auch wenn es ohne diese vier Botenstoffe nicht geht – Serotonin ist das Sahnehäubchen in puncto guter Laune. Das »Glückshormon« sagt uns, ob das sprichwörtliche Glas Wasser halbvoll oder halbleer ist. Es hat eine erhellende Wirkung, überträgt in unserem Gehirn sein Signal und sagt uns damit: »Du bist satt, emotional ausgeglichen, gelassen, innerlich ruhig und zufrieden.« Was wollen wir denn mehr? Gute Laune und Zufriedenheit haben nicht in erster Linie mit materiellen Errungenschaften zu tun. Das kennen wir aus dem eigenen Leben. Und schlechte Laune hat auch nicht zwingend mit miesen Verhältnissen am Arbeitsplatz, lästigem Übergewicht oder nervenden Pubertierenden zu tun, wie uns die Medien weismachen wollen. Manchmal sind Glücksgefühle nicht einmal abhängig vom Gesundheitszustand – denn seelisches Wohlbefinden ist in höchstem Maße vom Hormonhaushalt abhängig. Also vom Serotoninspiegel. Dabei hilft eine gesunde und bewusste Ernährung längerfristig am meisten. Kein Fleisch, keine Milch, kein Kaffee. Doch da hört bei mir persönlich der Spaß schon wieder auf. Ich glaube nicht, dass mich persönlich der Verzicht, wie bewusst auch immer, glücklicher machen würde. Oder bin ich vielleicht zu bequem, die Erfahrung selbst zu machen?

»Chocolate is the answer. The question doesn't matter.« Das habe ich letzthin auf einer abgewetzten Emaille-Tafel in einem Postershop im Ausland gelesen. Als Schweizer fühlte ich mich besonders angesprochen und abgeholt. Wir haben es erfunden, wir praktizieren es: Wer sich schlecht fühlt und nicht jammern will, braucht einfach nur Schokolade zu essen. Die Süßigkeit macht gute Laune, weil sie die Serotonin-Depots auffüllt und ein wohliges Gefühl hinterlässt. Die kurzfristig erlebbare Glückseligkeit hält sich allerdings in Grenzen. Man kommt dem Ziel – eine dauerhaft positive Grundstimmung zu schaffen – nicht wirklich näher. Und man wird ziemlich dick dabei.

Wir Schweizer sind – ohne dass wir überdurchschnittlich dick wären – seit Jahren Weltmeister im Verzehr von »Schoggi«: rund 12 Kilogramm pro Kopf und Jahr. Die Spanier schaffen gerade mal 3,6 Kilogramm. Heißt das vielleicht auch, dass wir Schweizer grundsätzlich die unglücklichsten Menschen sind und Schokolade am nötigsten haben? Ich glaube nicht, denn ich esse auch nach dem Lachen gern Süßes.

Lachen ist ansteckend

Humor ist viral, Lachen ist infektiös – beides ist gleichermaßen ansteckend. Lachen ist auch ein Reflex und hat damit – wie andere Reflexbewegungen – die Besonderheit, dass es gerade dann passiert, wenn unsere Aufmerksamkeit von unserem Körper abgewendet ist. Das Lachen kann allerdings durch Selbstbeherrschung bis zu einem gewissen Grad zurückgehalten werden.

Am häufigsten lacht der Mensch über seine Mitmenschen. Passiert dem Gegenüber etwas Unerwartetes oder Peinliches, können wir lachen, bis uns Tränen in die Augen schießen. Die Sendung »Versteckte Kamera« ist das beste Beispiel dafür. Ich habe vor einigen Jahren als Lockvogel die Fernsehsendung »Big Smile« für diverse Schweizer Regionalsender produziert. Dabei ging es immer um dasselbe: Andere möglichst unbeholfen dastehen zu lassen. Wenn man gut vorbereitet ist und Vorsprung hat, ist das sehr einfach. Wenn Schadenfreude das Ziel ist, reichen banale Inszenierungen.

Bei Lachanfällen schnappen wir nach Luft und bekommen Muskelkater in der Bauchgegend. Echtes Lachen bringt das Kind in uns hervor, der Verstand verliert die Kontrolle über den Körper. Schadenfreude bringt uns oft zum hemmungslosen Kichern. Dadurch fühlen wir uns wohl den Anderen überlegen und stärken unser Selbstwertgefühl. Ha! Manchmal ist Lachen auch eine Entlastungsreaktion nach überwundenen Gefahren oder zur Abwendung drohender sozialer Konflikte. Eine Notbremse sozusagen: Wenn man nicht weinen will, dann hilft oft nur noch lachen. Übrigens lachen die meisten Menschen nicht, weil etwas besonders witzig ist, vielmehr geht es beim Lachen um den sozialen Moment. Denn Lachen fördert einen insgesamt positiven emotionalen Grundton und führt zu einer entspannteren Stimmung. Deshalb wird häufig in peinlichen Situationen gelacht, um eine Blamage abzumildern oder um zu signalisieren, dass etwas nicht so ernst gemeint war.

Egal ob man ein Foto von einem lachenden Menschen sieht oder ob man jemanden lauthals lachen hört – sofort reagiert das eigene Lachzentrum. Selbst wenn man den Grund für das Lachen gar nicht kennt, lässt sich zumindest ein Lächeln oder Grinsen kaum unterdrücken. Es ist sogar erwiesen, dass allein das Lach-Geräusch ausreicht, um die Gesichtsmuskeln automatisch auf das Mitlachen vorzubereiten. Nicht umsonst wurden früher auf dem Rummel »Lachsäcke« angeboten. Hoffentlich werden die bald wieder Mode ...

Bestimmte Bereiche der Hirnrinde sind für die Bewegungsabläufe des Körpers zuständig – und dazu gehört auch das Lachen. Hört man jemand anderen jubeln oder lachen, werden diese Bewegungs-Regionen in der Hirnrinde aktiviert. Neuropsychologen reden von den Spiegelneuronen im präfrontalen Cortex. Das Gehirn sendet eine Antwort auf den gehörten Jubel oder das Lachen, indem es diese positiven Emotionen widerspiegelt. Und das äußert der Körper bewegungstechnisch gesehen mit Lachen. Das Gehirn sendet also »Mitlach-Signale« an den Körper aus, die man höchstens bewusst und mit »Gewalt« unterdrücken kann.

Und genau dieser Zwang zum Mitlachen kann Fluch und Segen zugleich sein. Wird man zum Lachen verleitet, ist es durchaus ein schönes und herzerfrischendes Gefühl. Leider passiert es auch in Situationen, in denen ein Lachen gerade überhaupt nicht erwünscht ist. Nicht nur Schüler kennen das Gefühl, sich Ärger einzufangen, weil sie ein Lachen einfach nicht mehr unterdrücken können. Das Gefühl, im falschen Moment lachen zu müssen, kennen die meisten gut – auch später in privaten oder beruflichen Situationen. Doch anstatt es zu unterdrücken, sollten wir es genießen und ehrlich lachen! Denn wie schon Dostojewskij treffend bemerkte: »Wenn du einen Menschen richtig kennenlernen und etwas über sein innerstes Wesen in Erfahrung bringen willst, so mach dir nicht erst die Mühe, zu analysieren, wie er spricht, schweigt, weint oder von hehren Gedanken ergriffen wird. Du brauchst ihn bloß beim Lachen zu beobachten. Hat er ein gutes Lachen, ist er ein guter Mensch.«

KAPITEL 8

Raus aus der Jammerfalle mit leichtem Gepäck

»Freedom's just another word for nothing left to lose ...« singt Janis Joplin im Woodstock-Klassiker »Me and Bobby McGee«: Nur wer nichts zu verlieren hat, weiß, was Freiheit ist. Tatsächlich reist es sich besser mit leichtem Gepäck. Voraussetzung dafür ist natürlich, dass man erstens sinnlosen Ballast erkennt und zweitens auch bereit ist, diesen abzuwerfen.

Mit dem Jammern ist es genauso: Wer viel jammert und klagt, sammelt negative Erkenntnisse wie andere Menschen Briefmarken. Wobei Jammern nicht mal einen Wert hat. Es ist nur Ballast, weil sich negative Emotionen immer wieder in den Vordergrund schieben und die positiven Ansätze überlagern. Und das hat evolutionäre Gründe. Der Nobelpreisträger Daniel Kahnemann redet von einem Schutzschild: Organismen, die Gefahren wichtiger bewerten als Möglichkeiten, haben eine höhere Überlebens- und Fortpflanzungschance. Das Negative zieht mehr Aufmerksamkeit an: »Pass auf!«, »Verkaufe!« oder »Tu's nicht!« sind unmittelbare Handlungsaufforderungen, während »Mach dir keine Sorgen«, »Alles wird gut« und »Mach weiter so« leicht zu ignorieren sind, weil sie keine spezifischen Aktionen erfordern.

Beim Bergsteigen nimmt man nur das Wichtigste mit, weil ein übervoller Rucksack den Gipfelsturm unnötig erschwert. Deshalb ist das Aussortieren dringend nötig – auch beim Aufstieg aus dem Jammertal. Negative Gefühle wie Neid, Angst oder Wut sollten möglichst zurückgelassen werden. Der Aufstieg fällt definitiv leichter, wenn man nicht auch noch Altlasten schleppen muss.

Wenn Sie mir bis zu diesem Punkt im Buch gefolgt sind – und vielleicht schon die eine oder andere Übung umgesetzt haben –, werden Sie feststellen, dass Ihnen das Jammern weniger Spaß macht und kaum noch Befriedigung bereitet. Sie erleben es plötzlich anders. Vielleicht haben Sie ja auch schon realisiert, dass jeder »positive Gipfelausflug« inzwischen zu einem intensiveren Erlebnis wird, als er es zuvor konnte. Das hat damit zu tun, dass Sie gewisse Dinge bewusster angehen und anderen Perspektiven Raum geben. Mir geht es zumindest so: Jedes Jammern, das ich vermeide, verdränge oder was auch immer, fühlt sich wie ein kleiner Sieg an. So – und nun geht es darum, diese Gipfelerlebnisse auch richtig genießen zu können. Dazu soll dieses vorletzte Kapitel unter anderem dienen.

Mensch, ärgere dich nicht!

Sie kennen dieses Brettspiel sicher, und es hat bestens funktioniert: Sie haben sich wider besseres Wissen schon oft geärgert, wenn es mit den passenden Würfelzahlen und dem Weg zum Ziel nicht ganz so geklappt hat, wie Sie es sich erhofft haben. Das Spiel heißt so, weil das Ärgern dabei vorprogrammiert ist. Es ist ideal, um andere Menschen auf die Palme zu bringen. Dann nämlich, wenn die Spielfigur eines Mitspielers – meist mit einem fiesen Lächeln – »rausgeworfen« und zum Ausgangspunkt zurückgesetzt wird. Und plötzlich landet man selbst dort. Wie gesagt: vorprogrammierter Ärger! Für harmonische Familienzusammenkünfte ist es somit eher ungeeignet, auch wenn es dabei um nichts geht. Außer vielleicht um Ehre oder Stolz. Man kann es übrigens gut auch als kleine Therapie-Lektion sehen: Wer sich mal wieder richtig ärgern möchte, Streit sucht oder das Jammern gar so sehr vermisst, sollte ganz dringend mal wieder »Mensch, ärgere dich nicht« spielen. Bei uns in der Schweiz heißt dasselbe Spiel übrigens »Eile mit Weile«. Das kommt vermutlich daher, dass wir etwas langsamer sind ...

Um uns richtig zu ärgern, brauchen wir allerdings weder ein Spiel noch eine Anleitung. Nicht einmal Regeln sind nötig, um im täglichen Leben in Wut und Rage zu kommen. Bei mir persönlich genügt, wie erwähnt, eine kurze Fahrt im morgendlichen Pendler-Stau, um mich so richtig zu ärgern. Wobei das zugegebenermaßen blöd ist, weil sich ja nichts am Stau ändert, nur weil ich laut fluche und schimpfe. Die Ampel bleibt nicht länger grün, und der Fahrer vor mir fährt auch nicht schneller, nur weil ich so aufgeregt bin.

Laut Statistik (ich liebe Statistiken – es gibt sie zu allen Themen!) ärgern wir uns durchschnittlich zweimal pro Woche so stark, dass uns die Emotionen nachhaltig im Gedächtnis bleiben. Hoppla – das gibt pro Jahr über einhundert miese Erinnerungen, für die wir mitverantwortlich sind. Kleine, ärgerliche Störfaktoren begegnen uns allerdings täglich, und je nach Grundstimmung sehen wir großzügig darüber hinweg oder regen uns maßlos auf.

Es ist häufig die eigene Unzulänglichkeit oder das Verhalten unserer Mitmenschen, die uns erzürnen. Oft ist es auch die moderne Technik, die sich uns in den Weg stellt, die (vermeintliche oder tatsächliche) Bösartigkeit des Umfelds oder die generellen Umstände. Einen Grund zum Ärgern finden wir immer – wenn wir nur lange genug danach suchen.

Das Leben ist einfach ungerecht

Erich Kästner hat einmal gesagt: »Auch aus Steinen, die im Weg liegen, kann man etwas Wunderbares bauen.« Doch so weit lassen wir es selten kommen. Wir sind nicht besonders kreativ, wenn andere uns Steine in den Weg legen. Im Gegenteil: Wir fahren schnell mal aus der Haut, fühlen uns ungerecht behandelt oder sehen den Weltfrieden bedroht, wenn etwas nicht so läuft, wie wir es gerne hätten.

Wir reagieren voller Wut, wenn jemand unser Hab und Gut oder unsere Kinder angreift. Der einen platzt der Kragen, weil die Kollegin mehr berufliche Anerkennung erntet, als sie verdient. Dem anderen verhagelt es den Tag, weil sein Lieblingsverein absteigt. Andere ärgern sich unerhört über den geringsten Anstieg des Benzinpreises. Klar: Gründe, wütend zu werden, gibt es an jeder Ecke. Die Schmerzgrenze des Einzelnen ist dabei höchst individuell. Ursächlich sind Wut und Ärger eine Reaktion auf Grenzüberschreitungen oder darauf, dass wir uns in unserem Selbstwert angegriffen oder bedroht fühlen, dass unsere Bedürfnisse ignoriert oder unsere Ziele blockiert werden.

Immer wieder sehen wir uns mit Situationen konfrontiert, die wir so nicht akzeptieren wollen, gegen die wir uns wehren oder deren Wiederholung wir verhindern wollen. Den Mut und die Energie für solche Maßnahmen beziehen wir aus der Wut. Der Ärger – beziehungsweise die Wut – zählt zu den Basis-Emotionen, wie Angst, Trauer und Freude. Das Leben verabreicht uns den Ärger in unterschiedlich starken Dosierungen. Das Spektrum ist breit, die Grenzen sind fließend: von der flüchtigen Irritation über die nagende Frustration bis zum bebenden Zorn. Alles auch schon mal erlebt – oder?

Oft stecken auch ganz andere Gefühle hinter dem, was sich wie Ärger anfühlt. Emotionen, im Fachjargon auch Affekte genannt, geben einen Hinweis darauf. Vor allem wenn sie maßlos daherkommen und offensichtlich in keinem vernünftigen Verhältnis zum auslösenden Moment stehen. Wenn sich beispielsweise das schmutzige Geschirr in der Küche türmt, gleich neben der leeren Spülmaschine, und der Partner noch nicht einmal auf die Idee kommt, die Teller und Tassen gleich in die Maschine zu räumen, ist es vielleicht sogar nachvollziehbar, dass sich die sonst treusorgende Gattin rasch in eine Furie verwandelt: weil sie sich hilflos und ausgenutzt fühlt, weil ihre Arbeit nicht wertgeschätzt und als selbstverständlich hingenommen wird. Oft steckt dann hinter der Wut auch eine Portion Traurigkeit, die sich so gut als Ärger tarnt, dass man sie nicht erkennen kann.

Zorn macht Falten

Wut und Zorn hinterlassen Spuren. Sie stehen uns buchstäblich ins Gesicht geschrieben. Die Stirn wird gerunzelt, die Augenbrauen werden zusammengezogen, hinzu kommt ein stechender Blick, der durch geweitete Pupillen noch bedrohlicher wirkt. Durch Ärger wird eine massive Ausschüttung der Stresshormone Adrenalin und Noradrenalin ausgelöst. Deshalb steigt der Blutdruck und der Puls rast. Die Haut und die Muskulatur werden besser durchblutet – was nicht selten eine hochrote Gesichtsfärbung zur Folge hat. Wer vor Zorn oder Wut bebt, der atmet flacher. Der ganze Körper ist angespannt: Drohstarre nennen das die Biologen. Beim Hund und anderen Säugetieren kann es zu einer Bissattacke kommen. Auf jeden Fall gilt: Alarmstufe Rot! In der Steinzeit war es eine Überlebensmaßnahme: Fight or flight, Kampf oder Flucht – Sie kennen das ja schon. Und so funktioniert es auch heute noch.

Doch was soll der ganze Aufriss bei den kleinen, unbedeutenden, weil nicht lebensbedrohenden Ärgernissen von heute? Man könnte mutmaßen, dass es vor allem unser genetisches Erbe ist, das jetzt noch nachwirkt und für negative Stimmung sorgt. So ist es allerdings nicht. Gesundheitsexperten haben schnell mal den Ärger neu definiert und der schlechten Laune ein nützliches Image verpasst. Alles, was uns schlechte Gefühle beschere, sei ein Indikator dafür, dass sich etwas verändern müsse.

Wut als Navigationssystem im Gefühlschaos? Eine interessante Idee, finden Sie nicht auch? Denn wenn wir uns laut über etwas ärgern, ist das ein Hinweis auf unser Weltbild, unsere Werte und Moralvorstellungen und zeigt letztlich unmissverständlich, was wir wollen und was nicht. Mehr noch: Wut liefert uns Antrieb und Energie. Die Kunst besteht darin, sie positiv einzusetzen. Wut kann also ausgesprochen nützlich sein – wenn sie lösungsorientiert umgesetzt wird.

Anger-Management

Es gibt üblicherweise zwei Möglichkeiten, mit ärgerlichen Situationen umzugehen: ausleben oder runterschlucken. Wunderbarerweise wurden beide Strategien wissenschaftlich untersucht – und herauskam, o Wunder: Beide sind nutzlos. Wer beispielsweise losbrüllt, baut keinen Ärger ab, sondern steigert das persönliche Ärger-Niveau zusätzlich. Natürlich fühlt sich das »Dampf ablassen« im ersten Moment befreiend an, doch in Wirklichkeit steigt dabei der Blutdruck. Und das Risiko, einen Schlaganfall oder Herzinfarkt zu bekommen, steigt somit ebenfalls. Nicht zu vergessen ist, dass die persönliche Wut-Grenze angehoben und eine schädliche Grundaggression angelegt wird. Wut kann man zwar verlagern, nur man baut sie dadurch nicht ab. Im Gegenteil: Man wird dünnhäutiger für ärgerliche Zwischenfälle und rastet dementsprechend immer öfter aus. Durch das Losbrüllen wird auch das Gegenüber beeinflusst und eine konstruktive Lösung ist unwahrscheinlich. Nicht nur im Süden werden in solchen Momenten Teller an die Wand geworfen. Das kann zwar kurzfristig Linderung verschaffen, nachhaltig nützlich ist es allerdings nicht. Nicht einmal dann, wenn sowieso geplant war, das Geschirr nächstens zu entsorgen ...

Die friedfertige Variante lautet: Wir schlucken den Ärger runter und werden ihn damit ruckzuck los. Das klappt aber leider auch nicht. Runtergeschluckter Ärger ist nur schwer verdaulich, denn er erhöht die innere Spannung und den Druck. Der Körper reagiert mit Verspannungen, Nacken- oder Kreuzschmerzen und Gereiztheit. Zwar ist die Fähigkeit, sich zu beherrschen, durchaus bewundernswert, und trotzdem ist es langfristig keine Lösung. Denn dabei übersehen wir die wertvolle Warnung, die im Ärger steckt: Dass wir nämlich etwas ändern sollten.

Die beste Lösung heißt auf Neudeutsch »Anger-Management«. Es gilt, den Ärger bewusst wahrzunehmen und ihn gezielt zu regulieren. Eine effektive Methode ist die Verzögerung: dreimal tief durchatmen und dann langsam bis zehn zählen. Danach in Ruhe überlegen, warum der Ärger einen so sauer macht. Das nennt man Affektregulation, und es lässt sich gut trainieren. Wie schon in Kapitel 7 beschrieben, haben sich durch die zeitliche Reaktionsverschiebung schon viele Ärgernisse in Luft aufgelöst.

Drei Tipps, wie Sie die Wut ausbremsen

1. Nach dem ersten Wutanfall genau hinschauen, weshalb uns eine andere Person geärgert hat. Vielleicht weil sie es nicht besser wusste oder nicht besser konnte? Oder weil sie sich bedrängt, nicht wahrgenommen oder ebenfalls ungerecht behandelt fühlt? Sie können Andere nicht ändern, doch Sie können neue Sichtweisen üben. Das ist Ihre Entscheidung.

2. Trinken Sie schluckweise ein Glas Wasser. Das beruhigt den Parasympathikus – den Ruhenerv. Den gleichen Effekt haben extreme Geschmacksreize: Scharfe oder saure Bonbons beispielsweise überlagern die Wut-Empfindung. Das geht schnell.

3. Cool down! Kälte unterbricht ebenfalls den Wutreiz. Also: Suchen Sie die Toilette auf und lassen Sie kaltes Wasser über den Puls am Handgelenk laufen. Das geht am schnellsten.

Stolpersteine des Alltags

Theoretisch entwickelte Methoden hören sich oft super an. Und doch stellt sich immer dieselbe Frage: Funktionieren sie auch in der Praxis? Selbst dann, wenn uns zum Beispiel jemand den Parkplatz oder den Liegestuhl vor der Nase wegschnappt? Gegen den spontanen Ärger können wir in solchen Momenten nichts tun. Wie wir darauf reagieren, ist allerdings schon unsere eigene Sache. Klar ist es nervig. Und doch gibt es keinen Grund, gleich auszurasten. Erst unsere persönliche Bewertung dieses belanglosen Ärgernisses lässt uns den Kamm schwellen. Wir unterstellen gleich böse Absichten,

Ignoranz oder Egoismus. Der eigentliche Wutauslöser ist also nicht die Situation, sondern das, was wir daraus machen: Es sind unsere Gedanken. Deshalb ist es sinnvoll, unsere negativen Deutungen regelmäßig auf ihre Richtigkeit und Angemessenheit abzuklopfen. Dabei stellen wir unter Umständen fest, dass wir aus immer denselben Gründen oder in denselben Situationen in Rage geraten und Sprüche wie »Immer habe ich Pech!« nicht wasserdicht sind. Am besten ist es dann, erst mal das Hirn einzuschalten, um Zeit zu gewinnen.

Ärger macht krank

Für Seele, Geist und Körper ist es gleichermaßen wichtig, wie Sie mit dem Ärger umgehen. Studien zufolge ist permanenter Ärger für das Herz offenbar mindestens so gefährlich wie Rauchen oder Bluthochdruck. Denn Ärger schlägt erwiesenermaßen auf den Magen, löst Kopfschmerzen aus und verkürzt das Leben. Was dabei genau im Organismus passiert, ist wissenschaftlich nicht klar belegbar. Fest steht jedoch, dass es so etwas wie ein »Feindseligkeitssyndrom« gibt. Davon spricht man, wenn drei Faktoren zusammentreffen: chronische Bereitschaft zum Ärger, leichte Erregbarkeit und tendenzielle Aggressivität. Feindselige Menschen kommen von ihrem Ärger kaum noch herunter, denn es gibt stets Neues, über das sie sich aufregen können.

In diesem Fall kann ich *Reframing* empfehlen – es ist äußerst wirksam und meine persönliche Lieblingsdisziplin: Dinge und Situationen in einen neuen Bezugsrahmen stellen. Das Auto, welches den Radweg vor der Apotheke zuparkt, ist dann kein Ärgernis mehr, wenn man sich vorstellt, dass der Fahrer ganz dringend ein Medikament für seine kleine Tochter benötigt. Alternativ sind Humor und Lachen probate Mittel, brenzligen Situationen aus dem Weg zu gehen. Zynismus und Sarkasmus schwingen hier gern ein wenig mit.

 Kurios: Beten gegen die Wut

Beten hilft offenbar bei der Wut-Kontrolle. Psychologen der University of Michigan stellten in Experimenten fest, dass die Emotion schnell verdampfte, wenn die Testpersonen ein inneres Gebet für das Wohlergehen eines ihnen wichtigen Menschen sprachen. Das funktionierte – unabhängig von Glaube und Religion!

Die Sache mit der Angst

Angst ist – wie viele andere Emotionen auch – ein wesentlicher Bestandteil des Lebens. Es ist ganz normal, um das eigene Wohlergehen oder das seiner Familie zu fürchten. Sich um das zu sorgen, was einem wichtig ist, ist menschlich. Wenn wir über Ballast reden, dann gehören Angst, Furcht und Ängstlichkeit definitiv mit dazu. Vielleicht wundern Sie sich, dass hier drei Begriffe aufgeführt sind. In der Tat unterscheidet die Psychologie zwischen ihnen.

Die Angst braucht keinen konkreten Grund, zumeist auch keinen speziellen Auslöser. Sie wird als ein Gefühl beschrieben, das sich bewusst oder unbewusst in unser Leben schleicht. Die Furcht hingegen richtet sich meist gegen ein bestimmtes Objekt oder eine konkrete Bedrohung. Die Ängstlichkeit wiederum ist eine angeborene oder anerzogene Befindlichkeit, die sich als graue Grundstimmung über unser Leben legt. Doch unabhängig davon, wie man es benennt, sind Angst, Furcht und Ängstlichkeit mehr oder minder mit Risiken und Gefahren verbunden. Zudem sind sie oftmals sehr diffus, weil sie keine klaren Konturen haben und somit sehr schwer zu beschreiben sind. Tausend Kleinigkeiten können passieren, die uns einen Schrecken einjagen – unser Leben ist schließlich ein einziges Risiko.

Stellen Sie sich vor, Sie sind so richtig frisch verliebt. Die Frau oder der Mann Ihres Herzens ist genauso, wie Sie ihn/sie sich immer gewünscht haben. Im Gedanken schmieden Sie bereits Pläne für eine gemeinsame Zukunft und bauen zauberhafte Luftschlösser. Sie sind sich sehr sicher ... und doch nicht sicher genug, um Ihrem Schwarm Ihre Gefühle zu offenbaren. Weshalb? Aus Angst vor Zurückweisung! Diese Angst führt dazu, dass Sie nicht handeln, sondern abwarten. Sie agieren nicht, Sie re-agieren.

Der Haken an der Sache: Das Gegenüber weiß ja nichts von Ihren Gefühlen. Sie warten also ab, warten auf den richtigen Moment, warten auf unmissverständliche Zeichen und dann ... Was dann? Was, wenn der oder die Andere dieselbe Strategie fährt? Dann warten beide. Und oft wartet man so lange, bis das Objekt der Begierde sich langsam aus dem Blickfeld verabschiedet, sich anders orientiert und man es als vermeintlich falsche Wahl abhakt. Dieser paralysierte Zustand dauert, bis das Glück abhandenkommt. Es folgen das bittere Erwachen und die Katerstimmung. Und das alles wird in Kauf genommen, nur damit kein Risiko eingegangen werden muss. Lieber bereits am Start aufgegeben. Wie sinnlos ist das denn?! Komplett selbstverschuldet werden oft 50/50-Chancen verschenkt. Merke: Wer nicht anfängt, hat schon verloren.

Angst kann auch anders sichtbar werden – nämlich durch unkontrollierte Hyperaktivität. Wenn Sie Ihre Flamme sehen, bekommen Sie weiche Knie, lachen ein bisschen zu laut und plappern ein wenig zu viel. Sie wissen nicht, wohin mit Ihren Händen und erweisen sich zudem generell als ziemlich ungeschickt. Diese Seite der Medaille lässt Sie ebenfalls nicht besonders attraktiv erscheinen. Feuchte Hände oder ein hochroter Kopf gehören zu den zuverlässigsten Beziehungs-Abwehrmaßnahmen.

Manchmal hingegen kann die Angst, zum Beispiel vor dem Versagen, auch zu Höchstleistungen ermuntern, weil sie zusätzliche Energien mobilisiert. Dann nennt man sie Lampenfieber. Nicht nur Schauspieler oder Moderatoren kennen das – auch viele andere Menschen, die vor einer Gruppe aufzutreten haben. Die Ausschüttung von Adrenalin führt zu einer höheren Konzentration. Angst kann dazu dienen, Auftritte fehlerfrei über die Bühne zu bringen.

Angst ist Schall und Rauch

Obwohl sich Angst so real anfühlt, ist sie doch eine Illusion. Angst ist nicht existent, denn sie ist lediglich ein Produkt unserer Gedanken und Gefühle. Das erkannte schon Aristoteles: »Nicht die Dinge an sich ängstigen uns, sondern unsere Ansicht von den Dingen.« Und das bedeutet: Wir können die Verantwortung nicht anderen zuschieben. Der Satz »Du machst mir Angst« stimmt nicht. Richtig müsste es heißen »Ich mache mir Angst«. Zugegeben: Das ist eine neue Art zu denken, und es ist nicht einfach, sie in den Alltag zu integrieren – weil es eben auch mehr Verpflichtung bedeutet.

Es zeigt sich, dass in der Angst mehr steckt, als man landläufig vermutet. Angst ist eine ambivalente Emotion und kann – je nach

Lebenssituation – ein guter oder schlechter Ratgeber sein. Zwar kann die Angst lähmen und krankmachen, doch sie schärft auch die Sinne und beflügelt den Geist. Schaut man genau hin, dann hat die Angst weitere gute Seiten. Denken Sie bloß mal an die sogenannte »Schrecksekunde«: Sie ist die wichtige Atempause, die die Angst uns verschafft, bevor wir uns entscheiden, wie wir uns in der momentanen Situation am besten verhalten.

Angst ist definitiv ein sinnvolles Gefühl. Sie ist die Voraussetzung, um eine Gefahr zu erkennen und vielleicht sogar Gesundheit und Leben retten zu können. Die Angst vergeht automatisch, wenn die Gefahr vorbei ist. Manchmal schaltet das Gehirn allerdings einfach so auf Alarmstufe Rot – oder es »vergisst«, nach dem Ende der Bedrohung, wieder in den Normalmodus zurückzukehren. Dann wird es kompliziert. Die Angst wird zum permanenten Begleiter – und das macht krank. Wäre es nicht schön, wenn man beeinflussen könnte, was die Angst mit einem macht?

Mit der Angst umgehen lernen

Grundsätzlich hilft es, wenn wir die Welt so wahrnehmen, wie sie ist – und nicht so, wie wir sie gerne hätten. Denn schon der Unterschied zwischen Wirklichkeit und Wunsch macht Angst. Es hilft auch, wenn wir nicht das Gefühl haben, alles kontrollieren zu müssen, weil sonst keine vernünftige Entwicklung möglich wäre. (Was immer auch unter »vernünftig« zu verstehen ist.)

Wer die Angst annimmt, kann sie kontrollieren. Im Alltag sagt man dann gern: »Da musst du jetzt durch!« Sie können natürlich auch im Jammertal verharren, doch dann wird sich nichts ändern. Oder Sie nehmen Ihre Angst an und machen etwas Schlaues daraus.

Angst ist, wenn Sie so wollen, nichts anderes als eine schlechte Angewohnheit. Gewohnheiten zu ändern ist zwar nicht leicht, die Muster zu erkennen jedoch schon die halbe Miete. Wir konservieren Gewohnheiten nicht nur, um mehr innere Sicherheit zu erlangen. Manchmal konservieren wir auch Ängste, die uns das Leben dummerweise erschweren.

 Drei Tricks gegen die Angst

- Viel Wasser trinken! Bei Angst wird zu viel Adrenalin ausgeschüttet, mit mehr Flüssigkeit wird der Hormoncocktail, der die Angst erzeugt, »verdünnt«.
- Mehr Bewegung! Zum Lösen von Angstsituationen hilft »Workout«. Laufen Sie regelmäßig oder fahren Sie, wenn möglich, mit dem Rad zur Arbeit, das löst diverse Verspannungen.
- Fokus ändern! Konzentrieren Sie sich auf etwas anderes, Physisches. Beispielsweise, indem Sie bewusst die Finger strecken und dann wieder lockerlassen. Ein paarmal nacheinander. Oder atmen Sie durch die Nase tief in den Bauch und durch den Mund wieder aus. Das sieht zwar nicht immer hübsch aus, hilft aber definitiv.

Neid lässt Sie blass aussehen

Zwei Kinder spielen friedlich mit Bauklötzen. Beide haben genügend davon, um einen hohen Turm zu bauen. In der Mitte steht, von beiden bislang völlig unbeachtet, ein Bagger. Plötzlich lässt ein Kind seine Klötze fallen und greift zum Bagger, der ihm eben noch gleichgültig war. Das andere Kind sieht es und will den Bagger ebenfalls in seinen Besitz bringen. Ein Streit entbrennt, die Bauklötze fliegen und Tränen fließen. Erwachsene kennen solche Szenen und die dahinterstehende Empfindung nur zu gut:»Ich will das, was du hast!« Der Neidische – egal ob groß oder klein – sieht die Welt nur durch die Brille des Mangels und führt ein unerfülltes Leben in der Möglichkeitsform:»Wie glücklich könnte ich sein, wenn ich hätte, was ich nicht habe!«

Schon Kinder, die noch kurz zuvor ganz mit dem zufrieden waren, was sie gerade hatten, sind plötzlich neidisch. Kaum hat einer scheinbar mehr als der andere, ist es mit der Friedfertigkeit vorbei. Das erinnert mich an eine Geschichte, die sich in meinem Dorf abspielte. An einem sonnigen Hang wurde eine Siedlung mit kleinen, günstigen Einfamilienhäusern gebaut. Die jungen Zuzügler waren sofort per Du, man feierte gemeinsam organisierte Feste, schenkte einander Lebensmittel und hütete gegenseitig die Kinder, bis ... jemand einen Pizzaofen in seinem Minigarten installierte. So ein richtig großes Teil mit Grillrost und allem. Solide gemauert – ein Statement. Das bedeutete das Ende der Freundschaft, das Ende des Friedens und den Beginn von Parteidenken. Vorwurfsvolle Briefe wurden geschrieben, Anwälte bezahlt, Verhaltensregeln aufgestellt, Parkplätze kontrolliert, Kindern wurde verboten mit andern zu spielen, Energie verschleudert. Und das alles wegen eines Pizzaofens. Bravo! So weit sind wir also schon gekommen.

Die kleine Geschichte führt uns direkt zum Ursprung dieser Affekthandlungen. Sie stammt aus den Zeiten, als Menschen noch mit Gewalt ums Überleben kämpfen mussten und materielle Überlegenheit den Unterschied machte. Nun, beim Kampf um den Bagger geht es nicht ums Überleben, sondern darum, dass Menschen, die miteinander zu tun haben, sich angleichen möchten, sich quasi synchronisieren. Und mit der Synchronisation geht das Vergleichen einher. Hat also einer mehr als der andere, braucht der andere das auch. Kriegt er es nicht, hat er ein Problem. Das ist der Treibstoff für den Neid. Um beim Beispiel mit den zwei Kindern zu bleiben: Das zweite Kind will den Bagger nicht, weil er so schön und groß ist, sondern weil das andere ihn genommen hat. Nur deshalb wurde der Bagger überhaupt erst zum Objekt der Begierde. Vorher war er einfach da und hatte keinen Besitzer.

Kinderkram? Mitnichten. Das ist Alltag in den Büros und Chef-etagen, den Vereinen und Vorständen, im Sport, der Familie und in der Liebe. Denn was ist Neid überhaupt? Es ist das Gefühl, »benachteiligt« zu sein. Und natürlich fühlt man sich benachteiligt, wenn Kollegen mehr Komplimente bekommen, wenn Nachbarn unerwartet viel erben, oder Freunde talentierter sind als man selbst. Allerdings wird übersehen, dass die Anderen oft auch etwas tun für ihre »Bevorzugung«. Für mehr Erfolg, besseres Aussehen und wohlwollende Aufmerksamkeit muss man nämlich härter arbeiten, höhere finanzielle Risiken eingehen, mehr Sport treiben und sich bewusster ernähren.

Nun kann man sich (theoretisch) natürlich ganz einfach zurück-lehnen und den anderen ihr Mehr gönnen. Tun wir aber nicht, weil es zum Streben nach Glück gehört, Güter anzuhäufen oder eben neidisch auf Menschen zu sein, denen es offensichtlich bessergeht bzw. die scheinbar glücklicher sind als wir selbst. Der Ursprung von Neid ist also die eigene Unzufriedenheit. Wir sind nur zufrieden, wenn wir mehr als die anderen haben – auf den Betrag kommt es nicht einmal an. In Amerika gibt (oder gab) es eine Spielshow, bei der der Gewinner entscheiden kann, ob er 25 000 Dollar oder

50 000 Dollar mit nach Hause nehmen wird. Wenn er nur 25 000 nimmt, erhalten die vier Verlierer nichts. Wenn er 50 000 nimmt, erhalten die andern vier je 100 000. Und jetzt raten Sie mal: Was macht der Großteil der Sieger? Sie nehmen den kleineren Betrag! Weil sich nämlich nur so das angenehme Gefühl der Überlegenheit einstellen kann. Evolutionstechnisch gesehen ist das verständlich, in der heutigen Zeit ist es pervers.

Wer sich selbst geringschätzt, beginnt mit den Vergleichen gegenüber anderen und wird neidisch. Es gibt viele fiese Emotionen, und der Neid belegt unter ihnen einen Spitzenplatz. Neid ist unersättlich und findet immer wieder ein neues Objekt. Neidisch sein kann man auf alles: auf Technik, Kleidung und Herkunft, auf besseres Aussehen oder klügere Gedanken. Am übelsten wird es, wenn sich Neid und Missgunst paaren. Dann bedauert der Neidische nicht nur, dass der Andere die schönen Dinge hat, er wünscht sich auch, dass er sie nicht mehr hat. Er gönnt sie ihm nicht.

Der Profi-Jammerer scheint davon vieles zu vereinen: Neid und Missgunst sind zwei seiner Kernkompetenzen. Wenn Andere so viel mehr haben als man selbst – und noch dazu völlig ungerechtfertigt –, ist das ein wunderbarer Grund zum Nörgeln. Kulturgeschichtlich wird der Neid symbolisch meist als Kröte oder Schlange dargestellt – als schleimiges, gruseliges, potenziell giftiges Wesen, das zerstörerisch wirkt. Auch die Bibel kennt Neid: Man denke nur an Kain und Abel. Neid war die Ursache, weshalb ein Bruder den anderen erschlug. Neid lässt die Menschen erstarren, es schneidet sie von Empathie ab, es tötet die Liebe.

Das ist allerdings nur die halbe Wahrheit. Neid ist auch ein soziales Gefühl, und das bedeutet: Er kann von der Gesellschaft erzeugt und missbraucht werden. Die handelsübliche Form gesellschaftlichen Neids ist die Werbung. Sie lässt uns nach vielen Dingen streben, die wir nicht wirklich brauchen. Der Gipfel war der Werbespot, in dem sich alte Schulfreunde treffen und sich gegenseitig zeigen, zu was sie es gebracht haben: »Mein Haus, mein Auto, mein Boot«, prahlt der eine. Der andere legt nach und noch drei Luxusattribute obendrauf – und toppt es mit der Visitenkarte seines Anlageberaters. Keine Sekunde dachte man darüber nach, ob das Haus wirklich schön und das Auto wirklich erstrebenswert ist und wie oft man ein Segelboot braucht. Und doch macht es auf viele Konsumenten Eindruck.

»Wir können den Kreislauf aus Neid und Habenwollen zwar unterbrechen, aber entkommen können wir ihm nicht«, resümiert Thomas Assheuer im Magazin *Zeit Campus*. Nun gut, wenn wir dem Neid nicht entkommen können, dann können wir ihn ja vielleicht nutzen und uns etwas Schönes daraus bauen. Denn wie alles hat auch der Neid zwei Seiten – eine gute und eine schlechte. Die gute Seite ist, dass Neid auch anspornen kann und dann zur Triebfeder des Erfolgs wird. Ich weiß, das klingt abgedroschen, tschakka-mäßig und irgendwie auf Sand gebaut. Doch als Starthilfe, das Leben mal aus einer anderen Perspektive zu betrachten, taugt der Neid allemal.

Es wird zwischen schwarzem und weißem Neid unterschieden. »Schwarz« ist – logisch – negativ. Weißer Neid hingegen wirkt generös. Der Philosoph Martin Seel schreibt in seinem Buch *111 Tugenden, 111 Laster*: »Man begehrt das, was andere haben, ohne sich doch zu wünschen, diese hätten es nicht.« Neid ohne Missgunst ist also nur eine Idee, was sein könnte, wenn man etwas verändern würde in seinem Leben. Diese Idee gefällt mir. Wer auf diese Weise neidisch ist, achtet wertfrei auf Unterschiede und ist in der Lage, sie für sein eigenes Leben zu nutzen. Was dann bleibt, ist das Vergleichen – hoffentlich mit dem Hintergedanken, etwas in seinem eigenen Leben zu bewegen. Das würde dann auch wieder zu dem germanischen Ursprung des Wortes passen: Neid war einmal der »Nid«, und das meinte Anstrengung, Wettbewerb. Warum also nicht in diesem Sinne »neidisch« sein?

Was bringt uns also »Neid«? Er bringt uns die Einsicht, wie es um unseren Selbstwert bestellt ist. Er weckt unter Umständen den Ehrgeiz, etwas an unserer persönlichen Schieflage zu ändern, und er bedient unser persönliches Gerechtigkeitsempfinden. Schwarzer Neid ist der Stamm, auf dessen Zweigen das Jammern seine Blüten treibt. Ihn von jetzt auf gleich abzulegen, geht nicht. Doch daran arbeiten – das geht sehr wohl. Fangen Sie an und lassen Sie sich nicht zum Spielball Ihrer eigenen Emotionen machen! Sie haben immer eine Wahl: eine Wahl der Worte, eine Wahl der Aktionen, eine Wahl der Perspektiven.

Ich, die Insel

Reif für die Insel – schnell mal gesungen oder gesagt. Und *wie* bitte genau gemeint? Oder *was* gemeint? Ein semantisches Minenfeld tut sich auf. An heißen Sommertagen und natürlich auch an grauen Wintertagen wünschen sich viele Menschen einen Aufenthalt auf »der Insel«. Einige träumen dann von einer kleinen Insel in der Südsee, andere vielleicht von Sylt und wieder andere von den Galapagos. Es sind also nicht nur weiße, einsame Strände, nach denen sie sich manchmal sehnen. Da steckt mehr dahinter. Das Wort Insel löst unterschiedliche Erinnerungen und Wünsche in Form von Bildern, Gerüchen, Geräuschen usw. aus – jede Insel ihre eigenen.

Wer »die Insel« hingegen als Lebensmodell betrachtet, wird sie nicht mehr nur sehnsüchtig als Reiseziel, sondern auch als persönliches Abgrenzungswerkzeug wahrnehmen. Das generiert einen großen Zusatznutzen für einen selbst und auch für das Umfeld.

Es ist keine erfreuliche Erkenntnis, dass wir alleine geboren werden und auch alleine sterben – und dennoch ist sie wahr. Alles, was ich erlebe und träume, widerfährt nur mir. Nur in meinem Kopf, verknüpft mit meinen Gefühlen, mit meinen Erfahrungen (wie gerade jetzt das Lesen dieses Textes), meinen Wünschen, Geschichten, Werten und Gefühlen. Und ist das schlimm? Keineswegs.

Das Leben kann als andauernde Tragödie und finale Einsamkeit erfahren werden, doch dagegen kämpfen wir meist sehr erfolgreich an, vom ersten Tag unseres Lebens. Wir sind auf Mitmenschen angewiesen und haben intuitiv gelernt, wie man Beziehungsbrücken baut und das Umfeld manipuliert. Wir richten noch heute unser Verhalten nach Kosten und Nutzen aus und bauen tragfähige Verbindungen, wo immer es möglich ist. Denn gute Beziehungen bereichern das Leben und sind eine Versicherung gegen das Vereinsamen. Wir alle können Brücken bauen, wenn wir das wollen – von Mensch zu Mensch, von einer Insel zur andern. Ob temporär oder langfristig, wir gestalten mit und entscheiden über Isolation oder Verbindung. Die Brücke zwischen Menschen ist das Wir-Gefühl, da wird miteinander getanzt und gefeiert.

Ich, der Anpasser

Ich kann mich Situationen und Menschen sehr gut anpassen, wenn ich darin einen unmittelbaren Nutzen sehe. Ich ziehe mich dem Wetter oder anderen Umständen entsprechend an; je nach Ziel eines Gesprächs setze ich Wortwahl, Betonung und Körpersprache ein; ich imitiere die Laute von Babys und gähne in langweiligen Sitzungen mit andern mit. Ich habe viele Pfeile im Köcher und kann selbst entscheiden, welcher der geeignetste ist.

Eine tragfähige Beziehung setzt Anpassungsfähigkeit von mindestens einer Seite voraus. Ein introvertierter Buchhalter kann nach getaner Büroarbeit beim Fußballtraining während zwei Stunden als Kapitän die Mannschaft führen und später zuhause seinem weinenden Kind ein Gute-Nacht-Lied singen. Deswegen ist er nicht schizophren. Er ist 100 Prozent angepasst und 100 Prozent authentisch. Er ist in allen Rollen echt und somit sich und andern nützlich. Menschen, die von sich behaupten, »ich bin eben, wie ich bin«, stehen sich selbst im Weg. Sie haben nicht begriffen, dass Anpassungsfähigkeit als Basis für sympathische Beziehungen etwas Wunderbares ist. Sie überlassen die Sympathie dem Zufall und ihrer Laune.

Ich, der Brückenbauer

Ich muss keine Brücken bauen. Ich kann, wenn ich will und es das Gegenüber zulässt. Rund 7,4 Milliarden Inseln gibt es heute auf unserem Planeten, und jede ist einzigartig. Brücken bauen heißt Verbindung aufnehmen, Verständigung suchen, mich mit Respekt für die Geschichte und Befindlichkeit meines Gegenübers interessieren, Bedürfnisse erkennen, Konsens suchen, Gemeinsamkeiten entdecken, kommunizieren.

Die Beziehungsbrücke ist ein temporäres Gebilde, auf dem wir uns begegnen und die Kampfsportart »Kommunikation« betreiben. Dabei ist es wichtig, Kommunikation als Aikido und nicht als Karate zu verstehen. Es geht nicht um Schlagfertigkeit und Zerstörung, es geht um Synchronisation und Konstruktion. Je mehr Parallelen, desto weniger Widerstand. Was ähnlich ist, ist sympathisch.

Die Bauanleitung

- Schenken Sie Ihrem Gegenüber volle Aufmerksamkeit.
- Interessieren Sie sich für Details.
- Passen Sie Ihr Sprechtempo, Lautstärke und Körperhaltung an.
- Stellen Sie sich, wenn möglich, seitlich oder sitzen Sie »über Eck«.
- Wiederholen Sie hin und wieder »wichtige« Wörter und ganze Satzteile des Gegenübers.
- Fragen Sie nach dem WIE, nicht nach dem WARUM.
- Ersetzen Sie jedes ABER durch ein UND.
- Ärgern Sie sich weniger – wundern Sie sich mehr.

KAPITEL 9

Frustfrei in sieben Tagen

Ein lohnendes Ziel

Etwas Neues zu erreichen, heißt oft auch, etwas Altes und Bekanntes zu verabschieden. Wenn wir loslassen, was uns nervt, dann haben wir die Hände frei und können nach dem greifen, was uns guttut. Und dass uns das »Nicht-mehr-Jammern« guttut, daran besteht wohl kein Zweifel.

Sich das Jammern abzugewöhnen ist – zugegebenermaßen – sehr schwierig. Das ist so, weil wir schon ziemlich lange jammern und es als Angewohnheit etabliert und akzeptiert haben. Ab und zu eine kleine Dosis Selbstmitleid kann ja nicht so schlimm sein … und doch ist es genau so! Denn ohne Jammern steigert man nicht nur das eigene Lebensglück, sondern auch das seines Umfelds.

Ein erreichbares Ziel

Sie haben schon dies und das probiert, um mit dem Jammern abzuschließen? Doch je mehr Sie sich bemühen, desto unerreichbarer scheint das Ziel? Dann schalten Sie jetzt mal einen Gang zurück. In diesem speziellen Fall kann der TAG (als Einheit in diesem Programm) auch mehr als 24 Stunden haben. Stecken Sie sich erreichbare Ziele, indem Sie eine Einheit so lange bearbeiten, bis sich bei Ihnen die gewünschten Erkenntnisse einstellen. Erst dann machen Sie mit dem nächsten weiter.

Ein wichtiges Ziel

Aus Angst vor dem Versagen neigen wir zum Aufschieben. Erfahrungsgemäß bringt das außer einer zusätzlichen Belastung überhaupt nichts. Selbstgesetzte, messbare, attraktive (weil realistische) Ziele können darüber hinweghelfen. Es geht nicht darum, ob sich gewisse Probleme mit der Zeit selber lösen. Es geht darum, dass wir uns zeitnah und aktiv um konstruktive Lösungen bemühen und dafür bewusst auch gewisse Risiken eingehen.

Ein hochgestecktes Ziel: Die Entwöhnung

Die Kunst des Loslassens liegt genau darin: Zu erkennen, was wir noch hinkriegen und was unter Umständen eine Nummer zu groß für uns ist. Entwöhnung ist immer eine Gratwanderung zwischen Herausforderung und Selbstüberschätzung. Nun gut, bei unserem 7-Tage-Anti-Jammer-Programm gegen den Alltagsfrust, schön übersichtlich eingeteilt in 28 Einzelschritte, geht es nicht um Leben und Tod. Doch es geht immerhin um unsere Gesundheit, weil uns weniger bis gar nicht mehr zu jammern mehr bewusste Zufriedenheit und intensivere Lebensfreude bringt. Wer mit einer positiven Grundstimmung durchs Leben geht, stärkt außerdem das eigene Immunsystem.

Damit Entwöhnung gelingt, sind Informationen ganz wichtig. Je mehr Fakten- und Selbsterkenntnis Sie beim Lesen dieses Buches bislang gewonnen haben, desto klarer wird Ihnen der Weg sein, den Sie gehen können. Egal ob Sie das berühmte Glas halbleer oder halbvoll sehen: Wichtiger ist es, zu erkennen, dass es noch 50 Prozent Potenzial hat. Mit dem Untertitel dieses Buchs habe ich ein Versprechen gegeben: »Frustfrei in 7 Tagen«. Das klingt nach Programm. Doch es ist hoffentlich schon klar geworden, dass dieses Ziel nur dann erreicht werden kann, wenn SIE auch wirklich bereit sind, etwas dafür zu tun. Nach den Tipps ist Stabübergabe. Dann liegt es an nur noch an Ihnen.

Wussten Sie übrigens, dass das Wort Programm vom Wortsinn her Vorschrift bedeutet? Ich will und kann Ihnen nichts vorschreiben. Ich biete Ihnen höchstens neue Perspektiven und Auswahlmöglichkeiten. Ob Sie davon Gebrauch machen werden und neue Erfahrungen machen möchten, ist rein IHRE Entscheidung. Ob Sie das Ziel in 7 Tagen erreichen oder ob Sie 7 Wochen dafür brauchen, liegt bei Ihnen. Das »7-Tage-Programm« baut auf den jeweils vorangegangenen Kapiteln auf und setzt eine gewisse Offenheit und Willensstärke voraus. Die folgenden Seiten liefern interessante Tipps und viele Übungen, die Sie nicht nur lesen, sondern auch lustvoll umsetzen können. Und weil es »Übungen« heißt, bedeutet das, es nicht nur einmal zu versuchen, sondern mehrmals. Im Idealfall so lange, bis Sie das neue Verhalten nicht mehr als Anstrengung empfinden, sondern als Gewinn spüren. Das kann bei Gewohnheitsumbildung recht lange dauern. Aber: Je herausfordernder das Ziel, desto höher die Befriedigung!

Nicht alle Menschen finden dieselben Übungen gleich wertvoll, attraktiv, lustig oder weiß ich was. Deshalb gibt es kein einseitiges, striktes Programm. Alle Tipps und Übungen können je nach Geschmack ausgesucht und zusammengestellt werden. Sie wählen das aus, was Ihnen gerade am meisten nützt oder gefällt, und machen es zu Ihrem Tagesmotto. Sie fokussieren sich nur auf die eine Übung – jeden Tag auf eine andere. Wiederholen Sie diese dann, so oft es geht.

Legen Sie sich ein Anti-Jammer-Büchlein zu, in welchem Sie täglich Ihre Erfahrungen und Erkenntnisse notieren. Ganz gleich, womit Sie anfangen: Beginnen Sie einfach. Jetzt. Kleine Veränderung – große Wirkung! Dieser Glaubenssatz wird Sie dabei unterstützen. Also: Setzen Sie sich zu Hause bei Tisch auf einen anderen Stuhl, wählen Sie einen anderen Weg zur Arbeit, essen Sie ein unbekanntes Gericht, oder setzen Sie sich eine halbe Stunde auf eine Parkbank, ohne zu lesen. Es gibt auf allen Sinneskanälen so viel zu entdecken. Sie werden feststellen, dass auch diese Kleinigkeiten nicht wie von selbst auf Sie zukommen. Es braucht Ihre Intervention, wenn Sie etwas verändern wollen.

Seven steps to happiness

1. Think less – feel more
2. Frown less – smile more
3. Talk less – listen more
4. Judge less – accept more
5. Watch less – do more
6. Complain less – appreciate more
7. Fear less – love more

Sieben Wege in ein jammerfreies Leben

Es gibt 7-Tage-Pläne für alle möglichen Ziele. Google allein offeriert 781 000 Treffer (Stand: April 2016). Die »Experten« sind sich einig: Entweder es funktioniert jetzt oder manchmal auch nie. Doch eines ist klar: Ohne Ihren persönlichen Einsatz funktioniert gar nichts. Also nicht nur lesen und nicken, sondern auch machen und erfahren!

Wir bewegen uns im Bereich der austauschbaren Lebensweisheiten, wie sie gerne in sozialen Netzwerke zum Besten gegeben werden; dort erhalten sie meistens regen Zuspruch. Doch hinter solch einen Post ein »Like« zu setzen, verändert letztlich gar nichts. Den Inhalt umzusetzen hingegen schon. Die oben erwähnten »Sieben Schritte zum Glück« enthalten alle Bausteine für dieses letzte Kapitel: Weniger denken und mehr fühlen; weniger Stirnrunzeln und mehr lächeln; weniger reden und mehr zuhören; weniger urteilen und mehr akzeptieren; weniger zuschauen und mehr tun; weniger jammern und mehr wertschätzen; weniger fürchten, mehr lieben. Einfach gesagt.

Ich könnte Ihnen jetzt mehr Glück versprechen, wenn Sie endlich mit dem Jammern aufhören. Aber was bedeutet schon Glück? Bekanntlich für jeden Menschen etwas Anderes. Was ich Ihnen hundertprozentig garantieren kann, ist, dass sich Ihr Leben verändern wird. Weil die Zeit nicht stehenbleibt und somit per se Veränderungen mit sich bringt. Wäre es nicht eine verlockende Option die Veränderung in Ihrem Sinne zu beeinflussen?

Und so verändern sich auch Glückszustände: Stellen Sie sich vor, Sie essen am liebsten Spaghetti Pomodoro mit frisch geriebenem Parmesankäse. Und das in jeder Mittagspause. Irgendwann wird auch dieser Traum langweilig, und so sehnen Sie sich bald nach Abwechslung – vielleicht würde ein gegrilltes Steak oder frisches Sushi zu noch mehr Glück führen. Das bedeutet: Glück kann alles Mögliche sein, nur kein Dauerzustand! Es ist vielmehr das Sahnehäubchen unseres Lebens. Sehr lecker, doch wer zu oft davon kostet, verliert die Lust daran. In diesem Sinne:

Lesen Sie die folgenden Seiten gründlich durch, suchen Sie Ihre Lieblingstipps und -übungen aus und stellen Sie Ihr eigenes Menu zusammen. Und zwar so, dass sich alles leicht verdaulich in Ihr Leben integrieren lässt.

1. Tag: Reflexion

Sie kennen diese Menschen, die ständig jammern, nörgeln, motzen – und das alles meist ohne triftigen Grund. Na? Sind es nur die Anderen oder jammern Sie vielleicht auch ganz gerne einmal? Der erste Schritt ist genau der: Denken Sie darüber nach, ob das Thema »Jammern« auch Sie selbst etwas angeht. Die Antwort kennen Sie bereits, sonst hätten Sie es nicht bis hierher geschafft. Ihre Betroffenheit generiert im Idealfall die nötige Energie, um ins Tun zu kommen.

1. Testen Sie Ihr Jammerpotenzial!
Worüber jammern Sie am liebsten? Wie oft jammern Sie täglich? Schreiben Sie auf, wo Ihre Jammer-Schwerpunkte liegen, und wählen Sie ein Thema aus, das Sie als Erstes eliminieren möchten.

Viele Menschen jammern ja übers Wetter. Es ist zu kalt, zu heiß, zu feucht, zu trocken, zu nass – immer steht ein »zu« davor. Selbst wenn die Sonne scheint, gibt es Grund zum Jammern: Sie blendet, es gibt keinen Schatten, man bekommt Hautkrebs usw. usf. Ist das nicht schrecklich langweilig? Und außerdem unergiebig, weil sich ja trotz des Jammerns nichts an der Wetterlage ändert.

2. Machbarkeitscheck

Fertigen Sie eine Jammerthemen-Liste an und vergeben Sie Punkte: Ist das Jammern gerechtfertigt? Dafür gibt es 10 Punkte. Ist das Thema nicht des Jammerns wert? (0 Punkte). Nehmen Sie dazu Reinhold Niebuhrs *Gelassenheitsgebet* (siehe Seite 144) als Richtlinie. Die Bewertung hilft beim nächsten Schritt: Überprüfen Sie Ihre Jammer-Schwerpunkte darauf hin, inwieweit eine Veränderung der Umstände in Ihrer Macht steht. Priorisieren Sie die Einträge, erstellen Sie eine Hitparade.

Bleiben wir beim Beispiel »Jammern übers Wetter«. Ganz gleich, wie die Wetterlage ist – sie lässt sich nicht beeinflussen, und es ist müßig, sich darüber aufzuregen. Wirklich. Wenn Sie genau hinhören, werden Sie feststellen, dass das Jammern oft eine Ersatzhandlung ist, um irgendwelche Gesprächspausen zu überbrücken. Dialoge durch Jammern in Gang halten – ist das sinnvoll?

3. Alternativen suchen

Nehmen wir einmal an, Sie jammern aus Höflichkeit mit anderen mit. Um dieses gewohnheitsmäßige »Mi-mi-mi-mi...« zu durchbrechen, brauchen Sie alternative Gesprächsthemen. Überlegen und notieren Sie sich mindestens drei positive Alternativen, über die zu sprechen sich wirklich lohnt, weil sie eine bessere Stimmung erzeugen. Das ist zu Beginn gar nicht so einfach, denn Medien und Gesellschaft füttern uns lieber mit negativen Geschichten.

Alternativen sind oft Ersatzhandlungen, die uns vom gewohnheitsmäßigen Agieren abhalten sollen. Man kennt das von den (Ex-) Rauchern, die gern zu Süßigkeiten greifen, um sich vom eigentlichen Suchtobjekt abzulenken. Das haben wir ja Gott sei Dank nicht nötig … Allerdings wäre das Leben natürlich viel leichter, wenn es um uns herum nicht so viele Stimmungskiller gäbe.

4. Geben Sie Stimmungs-Killern keine Chance!

Im Umgang mit stressigen Miesepetern haben Sie die Wahl: unterstützen oder gegenhalten. Sie können natürlich auf jede kleine Meckerei eingehen und Verständnis zeigen. Dadurch fühlen sich die Nörgler aber bestätigt und beschleunigen das Tempo auf dem gemeinsamen Weg hinunter ins Jammertal.

Besser ist es, wenn Sie klare Grenzen ziehen: Fragen Sie konkret nach, was genauso schrecklich ist. Fällt dem Nörgler nichts Einleuchtendes ein, teilen Sie ihm unmissverständlich mit, dass Sie keine Lust mehr haben, sich sein Lamento weiter anzuhören. Überlegen Sie sich, wie Sie künftig reagieren und schreiben Sie mögliche Antworten auf.

Diese erste Etappe des Antifrust-Programms ist insofern besonders schwierig, weil sie mit Reflexion und Selbsterkenntnis zu tun hat. Dazu braucht es Offenheit, eine gewisse Disziplin und einen freien Kopf. Die Meditation – frei interpretiert und ohne religiösen, esoterischen oder ideologischen Hintergrund – ist eine Möglichkeit, Gedanken zu ordnen und von unnötigem Ballast zu befreien. Für meinen Meditationsvorschlag brauchen Sie weder ein spezielles Yogakissen aus dem ganzheitlichen Rituelladen, noch müssen Sie mit geschlossenen Augen im unbequemen Schneidersitz ausharren. Sie sollten nur eins: bewusst genießen.

Bewussten Genuss ins Leben zurückzuholen ist ein zuverlässiges Mittel, um Gefühle positiv zu kalibrieren. Und was liegt da näher, als es sich im wahrsten Sinn des Wortes auf der Zunge zergehen zu lassen. Wenn Sie ein Gourmet oder Sommelier sind, wird Ihnen diese erste Übung gefallen.

Mir als Schweizer gefällt sie mit Schokolade oder Rotwein natürlich besonders gut. Sie können aber auch Kaffee oder Tee in den Fokus stellen. Ich habe sie in ähnlicher Form im Buch von Mark Williams *Das Achtsamkeitstraining* gefunden.

Übung: Die Genuss-Meditation

Wählen Sie zunächst ein Lebensmittel, das Sie besonders gern und häufig konsumieren, an das Ihr Geschmackssinn also »gewöhnt« ist. Diese Voraussetzung ist wichtig, damit Sie feine Unterschiede erkennen und auf sich wirken lassen können. Wählen Sie eine Schokoladensorte, Kaffeemarke oder Rotwein-Rebe, die Sie nur selten oder noch nie probiert haben. Und nun zelebrieren Sie das Geschmackserlebnis und den Genuss:

- Zuerst öffnen Sie die Verpackung, die Flasche und lassen die Optik auf sich wirken.
- Dann erschnuppern Sie den Geruch der Schokolade, der Kaffeebohnen oder schnüffeln Sie am Weinkorken (so wie es ein Sommelier macht).
- Brechen Sie ein kleines Stück Schokolade ab, betrachten Sie den frisch gebrühten Kaffee in der Tasse oder den Rotwein im Glas.
- Schließen Sie die Augen, wenn es Ihnen bei der Konzentration hilft, und genießen Sie ein Stück oder einen Schluck. Nicht sofort runterschlucken, sondern lassen Sie den Geschmack wirken. Machen Sie beim Rotwein diese komischen Mundbewegungen, um die Geschmacksnuancen herauszuschmecken.
- Widerstehen Sie bei der Schokolade dem Gefühl, zu lutschen, zu zerdrücken, zu kauen oder zu saugen – lassen Sie die Schokolade langsam auf der Zunge zergehen.
- Genussvolle, hochwertige Lebensmittel enthalten eine Vielzahl unterschiedlicher Aromen. Versuchen Sie, diese zu erschmecken und zu benennen.
- Während Sie so dasitzen und genießen, kann es sein, dass Ihre Gedanken abschweifen. Holen Sie sie zurück und richten Sie ihre

volle Aufmerksamkeit wieder auf den Geschmack.

- Erst wenn Sie den Geschmack ausgekostet haben, schlucken Sie herunter. Tun Sie das alles ohne Hast und Eile.
- Wiederholen Sie das Ganze mit einem zweiten Stück Schokolade, Schluck Kaffee oder Rotwein.

Die Meditation per se ist ja nicht jedermanns Ding. Dennoch hilft sie – mit und ohne Schokolade, Kaffee oder Rotwein –, die Flüchtigkeit der Gedanken zu verdeutlichen. Gegen negative Gedanken ist das besonders nützlich. Selbst beim wundervollen Genuss eines Stücks Schokolade (von Kaffee oder Rotwein) werden Sie anfangs kaum in der Lage sein, sich voll und ganz darauf zu konzentrieren. Ihre Gedanken sind im Hyperaktivitätsmodus und lenken Sie ständig ab. Als Stopp-Schild gegen kreisende Gedanken haben die Yogis das Mantra eingeführt. Das ist ein Wort, ein Satz oder ein Bild, auf das der Fokus gelenkt wird, wenn die Gedanken sich während der Meditation davonstehlen wollen. In der vorgeschlagenen Übung lautet das Mantra schlicht und einfach »Schokolade«, »Kaffee« oder »Wein«.

5. Gedanken-Fänger

Kennen Sie Traumfänger? Sie kommen aus der indianischen Kultur und bestehen im Wesentlichen aus einem Netz in einem Weidenreifen, der mit persönlichen Deko-Gegenständen (beispielsweise Federn oder bunten Perlen) verziert wird. Der Traumfänger soll dem Glauben nach Albträume abfangen und gute Träume durchlassen – und somit helfen, den Schlaf zu verbessern.

Und nun der Gedanken-Fänger: Nehmen Sie ein Foto, ein Bild oder einen kleinen persönlichen Gegenstand, der für Sie mit einer glücklichen Erinnerung verbunden ist. Diesen sollten Sie so platzieren oder mitführen, dass Sie sich jederzeit einen positiven Impuls abholen können. Und zwar immer dann, wenn Sie merken, dass negative Gedanken überhandnehmen. Ein Beispiel: Wenn Sie am Computer arbeiten, wechseln Sie hin und wieder den Bildschirmschoner auf dem Computer oder das Startfoto auf Ihrem Smartphone. Je öfter Sie sich innerlich auf ein Mantra fokussieren oder sich einen positiven Impuls geben, desto schneller gelingt es Ihnen, negative Gedanken abzufangen. Erst dann beginnt das unbeschwerte Genussleben. Das ist in doppelter Hinsicht wichtig, denn: Wer nicht genießen kann, wird irgendwann selbst ungenießbar.

Genuss und Glücksgefühle gehen Hand in Hand – und das nicht nur, weil Schokolade das Glückshormon aktiviert. Zufriedenheit wird allgemein stärker empfunden, wenn man es schafft, auf dem Weg in ein jammerfreies Leben das Hier und Jetzt zu genießen. Sich in Gedanken mehr mit den schönen Dingen des Lebens zu beschäftigen, lenkt vom Jammern ab. Doch damit allein ist es nicht getan. Nutzen Sie alle fünf Sinneskanäle, um noch mehr Dinge in Ihrem Umfeld zu identifizieren, die Sie positiv stimmen. Sie werden erstaunt sein, wie viele kleine Glücksmomente es im Laufe eines Tages gibt, die Sie zuvor vielleicht einfach nicht zur Kenntnis genommen haben. Manchmal riecht es nach Babypuder oder nach frisch-gemahlenem Kaffee. Manchmal klingt das Glück auch nach Regenprasseln und Donnergrollen. Selbst wenn Sie sich fluchend und pitschnass in den Hausflur retten und es dann bald nach einem feinen Essen riecht, sind negative Emotionen ganz schnell vergessen.

Übung: Glücksliste

Was konkret glücklich macht, kann nur jeder Mensch einzeln für sich herausfinden. Und genau das ist ihre Aufgabe: Notieren Sie einen Tag lang alle Dinge – vor allem die Kleinigkeiten –, die Ihnen einen kleinen Glücksmoment bescheren. Darauf könnten dann zum Beispiel »Das Lächeln der Nachbarin«, »Die erste Tasse Kaffee am Morgen«, »Junger, spielender Hund«, »Angebot in der Bäckerei«, »Amselgezwitscher« etc. stehen. Überlegen Sie, was Sie außerdem noch alles glücklich macht. Vielleicht ein Spaziergang im Wald? Oder Enten füttern? Jemandem einfach so die Tür aufhalten (und ein Lächeln ernten)? Einen Freund spontan umarmen? Den Kolleginnen und Kollegen im Büro einen Snack spendieren? Es gibt nichts, was zu banal ist, um auf Ihrer Glückliste aufzutauchen.

Diese Liste hängen Sie jetzt an den Kühlschrank, legen Sie neben Ihr Bett oder kleben Sie an den Spiegel im Badezimmer. Ändern Sie den Ort alle zwei bis drei Tage, sonst sehen Sie sie aus Gewohnheit plötzlich nicht mehr. Das wäre schade, denn es ist toll, wenn gleich der erste Gedanke am Morgen, nach dem Blick auf die Glücksliste, lautet: Hallo Tag, du kannst kommen!

6. Glück kann ein Radio-Song sein

Glück hat viele Formen. Musik zu genießen ist eine davon. Besser noch ist Singen! Schon vor Tausenden von Jahren wussten die Menschen aller Kulturen, dass Gesänge heilende Einflüsse auf den Körper und die Seele des Menschen haben. Leider sind diese wertvollen Erfahrungen unter der Dominanz der modernen Medizin in den Hintergrund gerückt. Doch seit einiger

Zeit beweisen neue wissenschaftliche Untersuchungen, dass Singen und Musizieren den Gesundheitszustand eines Menschen erheblich verbessern können. Es kräftigt die Lunge, verschönert die Stimme und lenkt vom Alltag ab – es macht glücklich. Wenn Sie also wieder mal im Stau stehen: Audioplayer einschalten, passenden Song auswählen und mitsingen. Fertigen Sie eine Liste mit Lieblingsmusik an!

Am Ende dieses ersten Tages ziehen Sie Bilanz: Wie oft haben Sie heute gejammert? Wie oft konnten Sie der Versuchung widerstehen? Auch wenn das Ergebnis noch nicht atemberaubend ist – klopfen Sie sich für die kleinen Erfolge auf die Schulter.

2. Tag: Verantwortung

Viele Menschen führen ein Leben auf Kosten anderer. Ja – auch Sie tun das – oder taten es zumindest, solange das Jammern zu Ihrem Alltag gehörte. Denn wer jammert, gibt Verantwortung ab. Er schiebt die Schuld an seinem Verhalten anderen Menschen oder den Umständen in die Schuhe. Wie wäre es zur Abwechslung, mal selbst Verantwortung für das eigene Handeln zu übernehmen? Proaktiv zu werden, anstatt nur zu re-agieren?! Die Anstrengung lohnt sich.

7. Eigenverantwortung erkennen!

»Verantwortung übernehmen« ist schnell gesagt. CEOs mögen diese Kriegsrhetorik und bedienen sich ihrer in wirtschaftlich unsicheren Zeiten gerne und oft. Doch was heißt das genau? Wie sollen wir uns das vorstellen? Sie fahren Firmen an die Wand, haben dabei ihre eigenen Schäfchen längst ins Trockene gebracht und riskieren höchstens einen Imageschaden. Wie bitte kann so jemand von »Verantwortung übernehmen« reden?

Überlegen Sie einmal ganz in Ruhe, wofür Sie in Ihrem Leben *wirklich* Verantwortung übernehmen und notieren Sie sich Ihr echtes, bewusstes, eigenverantwortliches Handeln. Verantwortung für das eigene Handeln zu erkennen und auch als solches zu übernehmen, fällt allgemein schwer. Die Schuld für allerlei Missgeschicke anderen (Menschen oder Umständen) zuzuschreiben, ist jedenfalls erheblich leichter.

Gerne würde ich jetzt erfahren, was alles auf den Listen steht. Nicht dass ich übermäßig neugierig bin; vielmehr möchte ich die Resultate mit meinen eigenen Vorstellungen und Wünschen vergleichen. Ich vermute, dass wir alle dazu neigen, alle positiv laufenden Ereignisse locker unserem Verantwortungskonto gutzuschreiben – und all das andere, was eben nicht so gut gelaufen ist, eher auszublenden. Das ist ganz natürlich, denn für misslungene Aktionen gibt es ja keinen Applaus. Dennoch sind sie für ein Weiterkommen wichtig und verdienen eine entsprechende Würdigung.

8. Umgang mit guten Vorsätzen

Gehören Sie auch zu den Menschen, die ab und zu (zu Neujahr oder zum Geburtstag) einen guten Vorsatz fassen und dieses sich selbst gegebene Versprechen dann nicht (dauerhaft) einlösen? Das ist uns allen schon mal passiert. Nun überlegen Sie mal, welche Vorsätze Sie in der Vergangenheit gefasst – und dann nicht durchgehalten haben? Woran sind Sie gescheitert? Waren es die äußeren Umstände oder die eigene Schwäche? Wem geben Sie die Schuld am Scheitern? Formulieren Sie klare Antworten.

Zumeist sind es Gewohnheiten, von denen wir uns verabschieden möchten. Als Gewohnheit bezeichne ich hier einmal alles, was wir tun, ohne darüber nachzudenken, warum wir es tun. Gewohnheiten haben sich über eine so lange Zeit etabliert, dass man sich eine Änderung des eingeschlichenen Ablaufs gar nicht mehr vorstellen kann.

Bei großen Vorsätzen hilft es außerdem, sie in kleine Schritte zu unterteilen – und diese jeweils zu belohnen. »Anstatt einem großen Ziel nachzueifern, verständigt man sich mit sich selbst auf kleine Schritte, für die man sich ebenso kleine Selbstbelohnungen ausdenkt«, sagt der Hirnforscher Gerhard Roth. Dabei solle man die Abstände zwischen den Belohnungen vergrößern und sie in ihrer Art variieren – damit sie nicht selbst zur Gewohnheit und damit nutzlos werden.

9. Jammer-Liste

Haben Sie noch Ihre Jammerthemen-Liste von Punkt 2? Die brauchen Sie jetzt, um die einzelnen Jammerthemen auf kleine Zettel zu schreiben und in eine Box zu werfen. Jeden Tag ziehen Sie nun ein Thema heraus und beschäftigen sich intensiv damit. Haben Sie es abgearbeitet, können Sie es getrost vergessen und den Zettel wegwerfen.

Indem Sie sich intensiv und ausführlich mit den jammervollen Themen befassen, verlieren diese ihre Relevanz. Irgendwann können Sie es dann selbst nicht mehr hören. Ach ja: Jammern Sie bitte laut und vernehmlich – dann haben Sie ziemlich schnell die Nase voll davon.

Gewohnheiten zu verändern, ist enorm schwierig. Und gute Vorsätze scheitern erfahrungsgemäß am häufigsten gleich in der ersten Umsetzungsphase. Etwas einfacher, als eine alte Gewohnheit abzulegen, ist es, eine neue zu etablieren. Sich im Auto auch für kurze Strecken anzuschnallen, den Teller gleich nach dem Essen in die Maschine zu räumen, die Zahnpastatube nach Gebrauch zuzuschrauben … Bewusste Entscheidungen zu treffen, kann ganz banal sein – an solche wenig komplexen Tätigkeiten gewöhnt man sich schnell. Andere, wie »Ab jetzt treibe ich regelmäßig Sport«, sind aufwändiger. Das Erfolgsrezept: Das gewünschte Verhalten muss mit einem deutlichen Auslösereiz gekoppelt und dann durch Belohnung verstärkt werden. Auslösereize können (analog zu den oben genannten Beispielen) sein: anschnallen, sobald man die Autotür schließt, sich erst der Abend-lethargie zuwenden, wenn die Geschirrspülmaschine eingeräumt ist, oder für den Sport fixe Termine vereinbaren (jeden Montag ins Fitnessstudio gehen).

Auch das Jammern ist letztlich nichts anderes als eine Gewohnheit. Eine schlechte An-Gewohnheit. Etablieren Sie eine attraktive Ersatz-handlung, um sich vom ewigen Nölen zu befreien. Führen Sie auch hier Buch und gönnen Sie sich nach zehn Teilerfolgen etwas Gutes.

 Übung: Entscheidungen treffen!

Schließen Sie mit sich selbst einen Vertrag. Die drei Kernpunkte:

- Entscheiden Sie sich dafür, sich künftig auf Dinge zu fokussieren, die Sie gern tun.
- Konzentrieren Sie sich darauf, Lösungen zu diskutieren, statt Probleme zu finden.
- Meiden Sie jammernde Menschen oder lenken Sie Gespräche auf andere, positive Themen.

Unterschreiben Sie diesen Vertrag und legen Sie eine Frist fest, bis wann Sie ihn erfüllen wollen. Notieren Sie, wie Sie konkret vorgehen wollen und auf welche Dinge und Themen Sie sich künftig fokussieren wollen.

10. Ersatzhandlung

Schauen Sie in Ihr Jammer-Tagebuch und wählen Sie ein Jammer-Szenario aus, dessen Sie sich immer wieder bedienen. Unser Beispiel war, Sie erinnern sich, das Wetter. Fassen Sie den Vorsatz, nicht mehr übers Wetter zu jammern. Das ist eine rein kognitive Übung: Überlegen Sie eine Alternative, die Sie davon abhält, mitzumachen, wenn andere dieses Thema wieder einmal jammernd in die Runde werfen. Finden Sie gute Beschreibungen dafür, dass auch ein tiefverhangener, grauer Himmel Vorteile hat. Ohne Regen hätten wir kein Wasser und könnten nicht duschen, kochen, schwimmen, leben. An kalten Tagen ist das Kuscheln besonders schön, und viel Wind erzeugt viel Energie. Also, geht doch. Der Frust verschwindet.

Und wie steht es auf der direkten Verhaltensebene? Was kann da eine gute Ersatzhandlung sein? Der Autor Will Bowen beispielsweise empfiehlt in seinem Buch *Einwandfrei* ein Armband zu tragen, das bei jedem Jammern auf das andere Handgelenk gewechselt wird. Hin und her und hin und her. Es könnte auch eine Münze sein, die Sie von einer Hosentasche in die andere bewegen, oder ein Ring, den Sie an einen anderen Finger stecken. So trainieren Sie Ihr Bewusstsein.

Wenn wir genau hinschauen und zuhören, dann werden wir feststellen, dass Jammerer großartige Gärtner sind. Niemand sonst versteht es so gut, für sich selbst Vorschusslorbeeren zu züchten. Sie leben primär von Ankündigungen, wie zum Beispiel: »Morgen höre ich auf mit dem Rauchen!« Dafür ernten sie Lob und Anerkennung, ohne wirklich etwas zu tun. Und Ausreden, warum sie das Versprechen dann doch nicht eingelöst haben, haben sie in der Regel schon im Köcher.

Wer nicht mehr jammert, hat das Ankündigen nicht mehr nötig. Denn die Lorbeeren sind bereits verdient.

11. Bewusste Vermeidung

Denken Sie daran: Jammern tut niemandem gut. Hinterher fühlt man sich meist schlechter als zuvor. Jammern versetzt keine Berge, sondern baut Dreckhügel auf: Arbeit, die liegengeblieben ist; schlechte Laune, die lange braucht, bis sie sich abbaut; Aberglauben, der immer wieder nach Beweisen sucht. Sprechen Sie daher lieber über das, was Sie wollen – und nicht über das, was Sie nicht wollen. Jammervolle Gedanken behalten Sie für sich! Wenn Ihnen das schwerfällt, dann zählen Sie bis zehn, bevor Sie sprechen. Dann geht es meist auch ohne zu jammern.

Spätestens jetzt müssten Sie in dem Stadium angekommen sein, indem Sie das eigene Jammern nervt. Und zwar allein deshalb, weil Sie ständig daran denken und immer wieder versuchen, es zu vermeiden.

Immer häufiger, weil bewusster und ehrlicher, wechselt das Armband die Hand oder die Münze die Hosentasche, sprich: Ihnen wird klar, wie viel Energie Sie durch die Jammeranfälle verschwenden. Entsprechend reagieren Sie auch zunehmend allergisch auf Jammerer aus dem Umfeld. Und das ist gut so.

 Übung: Gehen Sie dem Jammer-Trigger auf den Grund

Es könnte sein, dass Sie gar nicht so genau wissen, warum Sie jammern. Versuchen Sie sich bewusst zu machen, welche Auslöser bei Ihnen wirken. Das fängt mit ganz einfachen Fragen an: Was mache ich gerade? Wie mache ich es? Wie fühle ich mich dabei?

Treten Sie dann innerlich einen Schritt zurück, denken Sie über Ihre Antworten nach und fragen Sie sich: Kann ich aus eigener Kraft etwas verändern? Ziemlich sicher erschließen sich dann plötzlich viele neue Energiequellen für den Ausstieg aus dem Jammertal.

12. Offene Worte

Hört der Jammerer mal klare Ansagen, nämlich wie sehr er nervt mit seinem ständigen Gestöhne, wird er verunsichert sein und vermutlich schnell verstummen. Bringt das nichts, nehmen Sie es spielerisch und drehen Sie den Spieß um, indem Sie einfach erbarmungslos zurückjammern. Halten Sie ihm den Spiegel vor. Übertreiben ist erlaubt, bis ins Absurde. Das bringt jeden noch so mies gelaunten Mitmenschen im Idealfall zum Lachen – oder zumindest aus dem Konzept.

Die Phase des bewussten Jammerns (vgl. Kapitel 2, S.50) dauert nicht ewig, denn Sie möchten die schlechte Angewohnheit möglichst schnell aufgeben. Sie vergeht deshalb so flott, weil Sie jedes Mal, wenn Sie jammern, sich selbst ertappen und korrigieren. Der Ausstieg aus dem Jammertal beginnt mit der Erkenntnis, selbst ein Jammerer zu sein. Führen Sie eine Erkenntnis-Strichliste und visualisieren Sie Ihre Teilerfolge.

Ein Beispiel: Mein Hauptproblem war das »eigentlich«. Jedes Mal, wenn ich es im Gespräch verwendet hatte, habe ich mich laut sprechend korrigiert: »nein, eigentlich raus«. Wenn man den Satz dann ohne »eigentlich« formuliert, erscheint der Unterschied riesig.

3. Tag:
Worte bewusst wählen

Wer nicht mehr jammern will, kann sich unter anderem mit der richtigen Wortwahl auseinandersetzen. Ein weites Feld, das es zu beackern gilt, denn wir alle gehen meist viel zu nachlässig und gedankenlos mit unserer Sprache um. Einige Wörter haben viel mehr Wirkung, als wir denken. Zum Beispiel das Wort »eigentlich«. Abgesehen davon, dass es generell nervt, löst es beim Gegenüber auch Unsicherheit aus. Stellen Sie sich vor: Sie kommen nach einem verlängerten Solo-Wochenende nach Hause und erzählen Ihrem Partner oder Ihrer Partnerin, was Sie alles erlebt und unternommen haben. Dann fragen Sie (vielleicht sogar nur spaßeshalber): »Und was hast du so gemacht? Warst du mir treu?« Und jetzt kommt die schwierig zu verdauende Antwort: »Ja – eigentlich schon.« Hoppla – und jetzt?

13. Un-Worte eliminieren

Um Un-Worte aus Ihrem täglichen Sprachgebrauch streichen zu können, sollten Sie sie kennen. Und immer dann, wenn Sie wieder in die Falle tappen: Alternativen suchen und die Geschichte umschreiben!

Schreiben Sie in einem ersten Schritt auf, welche Un-Worte Sie besonders nerven und welche Sie selbst oft verwenden. Hier eine kleine Liste aus meinem Erfahrungsschatz:

- Ja, aber …
- Eigentlich
- Immer, nie
- Muss
- Warum

14. Blindflugmodus ausschalten

»Mir geht es gut, aber …«, »Das stimmt schon, aber …«, »Ich kann das schon verstehen, aber …«

Kommen Ihnen diese Floskeln bekannt vor? Was wir vor dem ABER sagen, nehmen wir gar nicht mehr richtig wahr. Mein Vorschlag: Verzichten Sie auf das ABER. Machen Sie einen Punkt statt eines Kommas. Beginnen Sie einen zweiten Satz ohne ABER. Das ist zu Beginn sehr anstrengend, weil wir uns so sehr daran gewöhnt haben. Versuchen Sie es trotzdem und bleiben Sie dran.

15. UND statt ABER

Ersetzen Sie alternativ das ABER durch ein UND. Zugegeben, das passt nicht immer und hört sich oft ungewohnt an. Doch Sie werden sich daran gewöhnen und jedes Mal einen kleinen Teilsieg feiern können, wenn Sie es bewusst tun. Sie gewinnen dadurch mehr, als Sie beim ABER verlieren. Sie gewinnen:

- Die wohlwollende Aufmerksamkeit des anderen
- Den Respekt für die eigene Meinung
- Eine Bereicherung dank unterschiedlicher Sichtweisen

Wir kennen viele Un-Worte. Oftmals werden auch Modewörter wie »Mann«, »Alter«, »chill mal«, »kein Problem« usw. so genannt. Natürlich wäre es ideal, wenn es zu jedem Un-Wort eine konstruktive Alternative gäbe. Wenn es die nicht gibt, ist die schlichte Vermeidung das beste Rezept.

16. EIGENTLICH streichen

EIGENTLICH bringt nichts. Es kann sogar Schaden anrichten, wie wir oben gelesen haben. Es lässt Hintertürchen offen – und das kann zu Durchzug führen. Korrigieren Sie sich selbst, wenn Sie EIGENTLICH sagen und es gar nicht so meinen. Vielleicht hört sich das in Dialogen zunächst komisch an, doch es verhindert, nachhaltig in die Jammerei abzuleiten. In dieselbe Kategorie gehören GRUNDSÄTZLICH, SOZUSAGEN, PRINZIPIELL und IM ALLGEMEINEN.

17. Nicht lebenslänglich

Manche Dialoge scheinen für die Ewigkeit gemacht, so oft tauchen darin die Wörter IMMER oder NIE auf. Doch diese Zustände gibt es nicht, und unser

Unterbewusstsein weiß das. Selbst das Universum existiert nicht für IMMER. Und nichts war noch NIE so. Unser Hirn läuft auf der Suche nach Beweisen heiß und geht in einen Trance-Zustand, wenn es solche Wörter hört. Mit dem Einsatz von IMMER oder NIE wird eine Aussage ins absolut Unveränderbare katapultiert. Alternativen zu solch diktatorischen Formulierungen sind HÄUFIG, OFT, MEISTENS, SELTEN oder GELEGENTLICH. Versuchen Sie doch diese Alternativen öfter mal einzusetzen, das klingt viel geschmeidiger und versöhnlicher.

18. MUSS muss nichts

Das MUSS ist der Sklaventreiber unter den Un-Worten, der uns unerbittlich durchs Leben peitscht. Es soll mit seiner aufputschenden Wirkung uns selbst oder andere vorwärtstreiben, bewirkt aber genau das Gegenteil, nämlich Stillstand und Lethargie bis hin zur Depression.

Das MUSS ist das »must have« unter den gewalttätigen Motivatoren – und es tötet zugleich jegliche Initiative. Sie *müssen* nämlich genau betrachtet gar nichts, höchstens mit den Konsequenzen Ihrer Entscheidungen leben. Klar, das MUSS gibt unserem Leben und unserem Handeln eine Bedeutung, ein gewisses Gewicht: »Muss nur noch kurz die Welt retten ...« Allerdings suggeriert das MUSS auch, das Andere über uns bestimmen und wir Opfer oder Marionetten sind. Wenn Sie sich dieser Rolle entziehen möchten, hören Sie einfach auf zu müssen. Das tut gut. Ich persönlich muss zum Beispiel seit rund acht Jahren nicht mehr auf die Toilette. Das ist wirklich wahr! Und wissen Sie, weshalb das so ist? Weil ich seither WILL und mir zudem mehr bewusst bin, dass ich auch KANN. Das tut eindeutig besser, als zu MÜSSEN – denn es gibt mir das Gefühl, den Kontrollraum meines Lebens selbst einzurichten.

Übung: Worte mit Bedacht wählen

Die Sprache besteht aus jeder Menge leerer Worthülsen, und man kann diese nicht permanent meiden. Es gibt jedoch Wörter, die man nur mit Vorsicht einsetzen sollte. Denn auch wenn alle Wörter ihre Geschichte und ihre Berechtigung haben – sie haben auch eine bestimmte Konsequenz. Die folgende Übung dient dazu, Ihr Gehör zu sensibilisieren, denn bei genauer Betrachtung erzählen wir doch allerlei Unsinn.

Ein Beispiel: Das hätte ich mir sparen können! So leicht fertigen wir unsere Handlungen ab und nennen sie dann einfach »Fehler«: Momente, die uns peinlich sind, die uns bloßstellen oder die wir gern ungeschehen machen möchten. Aber es gibt keine Fehler, es gibt nur Resultate. Denn in dem Moment, in dem wir eine Entscheidung treffen, ist es die richtige – sonst würden wir sie ja nicht so treffen. Außerdem: Im Nachhinein sind wir sowieso schlauer. Und schließlich: Die Angst vor Fehlern und Fehlentscheidungen schränkt unsere Spontaneität, unsere Kreativität und unsere natürliche Neugier ein. Wir sollten uns also vor Augen halten, dass jeder Fehler auch die Chance enthält, etwas dazuzulernen. Er vermittelt Informationen, die wir für unsere Weiterentwicklung bestens brauchen können. Das ist der Sinn und Zweck des Fehlers: neue Erfahrungen zu sammeln, etwas daraus zu lernen, Kompetenzen zu erweitern.

Überlegen Sie, wann Sie das letzte Mal etwas »falsch« gemacht haben und notieren Sie es. Betrachten Sie diese Erfahrung unter den oben aufgeführten Kriterien aus der Distanz. Bekommt sie nun nicht plötzlich eine Daseinsberechtigung?

Weitere Un-Sinn-Sätze sind:

- Ich kann mich einfach nicht entscheiden.
- Das kann ich nicht.
- Ich habe keine Zeit.

Sprachlich gesehen leben wir oft in der Vergangenheit oder reden von einer hypothetischen Zukunft. Hier und jetzt zu sagen, was wir wirklich meinen, ist scheinbar unglaublich schwierig. Ebenso schwierig ist es, die richtigen Fragen zu stellen. Fragen sind ein garstiges Minenfeld, denn sie können zu unerwarteten Antworten führen. An vorderster Front steht die Angst vor Ablehnung.

Ein No-Go im Dialog ist die Frage nach dem WARUM. Sehr beliebt und sehr fatal, denn man bekommt darauf eher selten eine ehrliche und brauchbare Antwort. Fragen Sie bitte niemals: »Warum liebst Du mich?« Denn die spontane (und unter Umständen ehrliche) Antwort könnte die größte Enttäuschung ihres Lebens werden. »Erwartungen sind hinausgeschobene Illusionen« habe ich letzthin gehört. Guter Punkt, denn in der Frage steckt die Erwartung auf eine schmeichelnde Antwort. Sie ist sozusagen in Ihrem Kopf schon vorgefertigt. Wenn Sie's schon unbedingt wissen müssen, dann fragen Sie besser: »Was liebst du an mir besonders?«

Übung:
Keine Angst vor Antworten

Insgesamt fragen wir viel zu wenig. Je älter wir werden, desto weniger tun wir es, weil wir meinen, die Antwort bereits zu kennen. Und unsere Erwartung ist komischerweise häufig eine negative. Wir haben Angst vor dem NEIN. Diese Sorge lässt sich nur durch Übung zerstreuen:

- Nehmen Sie sich vor, ab sofort mehr Fragen zu stellen. Das setzt auch voraus, dass Sie sie überhaupt zulassen. Denken Sie daran: Es gibt keine dummen Fragen, es gibt höchstens dumme Antworten.
- Fragen Sie jeden Menschen, dem Sie an diesem Tag begegnen, irgendwas. Zum Beispiel, nach welchen Kriterien er seinen Mantel gekauft hat. Oder welches Tier ihn am meisten fasziniert. Oder ob er seine Handtücher lieber im Trockner oder auf der Leine trocknet. Sie lernen dabei nicht nur den Menschen besser kennen – unter Umständen erfahren sie auch wertvolle Strategien. Und in jedem Fall sind Sie ein interessanterer Gesprächspartner, wenn Sie selbst interessiert sind.
- Stellen Sie offene Fragen, die darauf zielen, spannende Informationen zu erhalten. Stellen Sie gewaltfreie Fragen, die Ihr Gegenüber ohne Rechtfertigungszwang etwas beschreiben oder erklären lassen.
- Einfache Fragen sind: Wie machst du das? Wo finde ich dies oder das? Welche Taktik hat dich am weitesten gebracht? Wo kaufst du ein? Und so weiter.

Und schon sind wir beim letzten sprachlichen No-Go angekommen: dem Konjunktiv. Er vermeidet (oft aus Höflichkeit oder Zurückhaltung) das klare Benennen von Dingen. Und wer sich nicht klar ausdrückt, bekommt selten, was er will. Das Wort »möchte« wird von den Sprechern meist gar nicht mehr als Konjunktiv (»Ich würde mögen / ich würde wollen«) wahrgenommen, so hat es sich in der Umgangssprache eingenistet. Der Klassiker ist das Bewerbungsschreiben: »Sehr geehrte Damen und Herren, gerne möchte ich mich auf den von Ihnen ausgeschriebenen Ausbildungsplatz bewerben …«

Ebenfalls unerträglich ist die standardisierte Begrüßungsformel semiprofessioneller Redner: »Guten Tag, ich möchte mich zuerst vorstellen …« Das klingt doch, als ob man um Erlaubnis bitten muss, sich vorzustellen oder aufzutreten. Hören Sie auf mit solchen Sachen. Tun Sie's einfach: »Hiermit bewerbe ich mich auf die von Ihnen ausgeschriebene Lehrstelle« und »Ich bin Dani Nieth.«

19. Konjunktiv meiden

Wann immer Sie im Konjunktiv schreiben oder sprechen, machen Sie auf Ihr Gegenüber nicht nur einen höflichen, sondern auch einen unsicheren Eindruck. Nicht: »Ich würde mich freuen, wenn …«, sondern »Ich freue mich, wenn …« Formulieren Sie direkt, geben Sie der Zukunft einen eindeutigen Namen – und verfolgen Sie, was dann passiert. Ihr neues Mindset zeigt Wirkung.

4. Tag: Energie

Dem positiven Denken wird eine wundersame Wirkung nachgesagt. Es lässt das Leben bekanntlich leichter erscheinen und löst anstehende Probleme in Luft auf. Leider haben wir Erwachsenen die kindliche Leichtigkeit des Seins sukzessive verlernt. Kinder wachen morgens auf und haben ein strahlendes Lächeln im Gesicht. Ganz so, als wollten sie die Welt umarmen und »Hurra, ich bin da!« rufen. Uns Erwachsenen fällt das eher schwer. Statt »Hurra, ich bin da!« denken wir häufig »Guten Morgen, liebe Sorgen!« Dem »Frust-frei«-Vorsatz helfen eine positive Grundstimmung und die entsprechende Energie. Wie sieht es denn damit bei Ihnen aus?

Übung: Körper-Test

Beim Lächeln können Sie Kraft und Vitalität entwickeln. Der sogenannte Delta-Test aus der Kinesiologie beweist das. Kinesiologie ist eine ganzheitliche Methode, die Gesundheit zu verbessern. Sie hilft Stress abzubauen, Leistungsfähigkeit zu erhöhen und Blockaden zu lösen. Das machen Kinesiologen mithilfe von Muskeltests: Strecken Sie einen Arm in die Waagerechte und bitten Sie jemanden, ihn nach unten zu drücken. Normalerweise ist das bei einer gut ausgebildeten Schultermuskulatur kaum möglich.

Fixieren Sie nun ein »misi« (einen negativen Smiley), wird es ein Leichtes, Ihren Arm nach unten zu drücken. Sie haben kaum Kraft und können sich auch nicht dagegen wehren.

Wenn Sie einen fröhlichen Smiley anschauen, werden Sie wieder stark und halten Ihren Arm mühelos gestreckt. Seien Sie also selbst stark, lächeln Sie und versorgen Sie auch andere mit Kraft und Energie.

20. Freude ist wichtig

Fast jeder Moment unseres Lebens ist ein Anlass zur Freude. Es ist eine Frage der Perspektive und des Vergleichs. Wenn Sie das morgens nicht so sehen, empfehle ich die Strategie »In wenigen Sekunden ausgejammert«: Stellen Sie sich vor den Spiegel und erzählen Sie sich selbst, wo der Schuh genau drückt. Als würden Sie es einem Therapeuten erzählen. Wenn Sie nicht spätestens nach einer Minute über sich selbst lachen, haben Sie ernsthaft ein Problem: Zurück zur Frustfrei-Einheit 1!

Wenn es beim Golfspiel mal schlecht läuft (und das ist oft so), dann erfreue ich mich eben an der Natur. Ich konzentriere mich auf Insekten, Blumen, Bäume – sehe, horche, rieche und nehme die (schöne) Welt um mich herum zunehmend bewusster wahr. Es hilft mir, die negativen Gedanken umzupolen und wieder klare Entscheidungen zu treffen.

21. Lachen ist gesund

Lachen ist ein gesunder mentaler und körperlicher Hochgenuss. Beim lauten Lachen, heißt es, sind über 200 von insgesamt rund 650 Körpermuskeln involviert. Das sind ziemlich viele! Und lachen können alle, die es wollen! Wenn es Ihnen schwerfällt, dann schauen Sie sich ein lustiges Video an. Egal ob »America's funniest homevideos«, »Stan Laurel und Oliver Hardy« oder »Looney Tunes« – es gibt vieles, was uns unmittelbar fröhlich stimmt.

22. Provozieren Sie Reaktionen

Dieser Tipp ist schon fast ein alter Hut und trotzdem immer wieder erkenntnisreich. Gehen Sie eine Stunde lang miesepetrig durch die Stadt – und Sie werden erstaunt sein, wie viele schlechtgelaunte Menschen Ihnen begegnen.

Dann umgekehrt: Gehen Sie eine Stunde lang lächelnd durch die Stadt! Schauen Sie anderen Menschen fröhlich in die Augen. Viele wunderbare Begegnungen warten auf Sie!

Die wirklichen Freuden des Lebens sind ganz einfach und elementar: Ob Sie sich bewegen oder faulenzen, kochen oder basteln, essen oder laufen, ob Sie lachen, singen, tanzen oder schwimmen: Programmieren Sie sich selbst auf »positiv«.

23. Lächeln ist der kürzeste Weg zwischen zwei Menschen

Jedes Lächeln – auch ein inneres – überträgt sich auf Mimik und Gestik. Lächeln ist ein Ausdruck von Wärme, Verständnis, Zuwendung und Mitgefühl.

Ein Lächeln baut unsichtbare Brücken. Lächeln Sie jemanden auf der Rolltreppe an. Oder in der Straßenbahn. Wo auch immer: Ich behaupte, dass Sie mehr als 50 Prozent positive Reaktionen erhalten.

5. Tag: Emotionen

Gedanken, Gefühle und Worte sind Systeme, die sich gegenseitig beeinflussen. Dabei geht es im Wesentlichen um Emotionen, die – schwer kontrollierbar – ein Eigenleben entwickeln, das uns ziemlich schnell in Teufelsküche bringen kann. Wie so oft liegt dem Ganzen ein Muster zugrunde, das sich im Laufe eines Lebens aus vielen Erfahrungen und Erkenntnissen bildet. Insgesamt macht das unsere Persönlichkeit aus – und scheint entsprechend unabänderlich. Stimmt nicht! Veränderung ist möglich – und zwar jederzeit.

Mit den Emotionen ist es nun so, dass wir damit vorwiegend ein negativ besetztes Muster verknüpfen. Das ist so, weil negative

Erfahrungen – zum Zwecke der Gefahrenvermeidung – im Gehirn prominenter verknüpft werden. Im Sinne der Förderung eines positiven Denkmusters ist das fatal, denn negative Reaktionen sind so zäh wie Kaugummi an den Schuhsohlen im Sommer – sie wollen einfach nicht loslassen. Trotzdem hat jeder Mensch es selbst in der Hand, wie er mit seinen Emotionen umgeht.

24. Body Check I

Eine bewusste Veränderung der Körperhaltung kann schon sehr viel bewirken: Die hängenden Schultern zurücknehmen – die Brust dehnen! Das sieht nicht nur schöner aus, es gibt auch Kraft und Selbstvertrauen – und führt schnell zu einem leichten Lächeln! Stellen Sie sich mit dem Rücken zur Wand und berühren Sie diese gleichzeitig mit Fersen, Po, Schultern und Kopf. Und nun gehen Sie in dieser Haltung einen Schritt in den Raum. Das fühlt sich fantastisch an. Versuchen Sie es!

25. Body Check II

Hochgezogene Schultern interpretieren Körpersprache-Experten als ängstliche Zurückhaltung, weil man dadurch den Hals schützt. Im Wortsinn fürchtet man, dass einem jemand an den »Kragen« will. Sobald Sie diese Haltung an sich bemerken: Schütteln Sie sich! Damit werfen Sie unsichtbaren Ballast ab und werden lockerer.

26. Body-Check III

Besonders offensichtlich spiegelt die Mimik unsere Gedanken wider – nur schade, dass wir uns selbst nicht zuschauen können. Außer im Spiegel. Stellen Sie sich Ihrem Spiegelbild und üben Sie ein offenes, ehrliches und strahlendes Lächeln. Das Schöne daran: Ihr Spiegelbild lächelt zurück.

Übung: Gute Idee, schlechte Idee

Überdenken Sie ihr Reiz-Reaktionsschema! Überlegen Sie genau, wer hier das Sagen hat: Engelchen oder Teufelchen? Sie haben die Wahl.

Gute Idee	Schlechte Idee
Einen Freund, mit dem Sie sich zur Zeit gut verstehen, anrufen und sich ausheulen	Einen Freund, mit dem Sie gerade Stress haben, anrufen und zum Heulen bringen
Eine Katze streicheln und das Schnurren genießen	Sich betrinken und nachher den Kater pflegen
Eine Liste mit den schönsten Erlebnissen anfertigen	Sich ins Gedächtnis rufen, wann man zuletzt so richtig fertig war
Ihrer besten Freundin eine Karte schreiben und ihr sagen, dass Sie sie mögen	Ihrem ungeliebten Kollegen einen Zettel ans Auto klemmen, auf dem steht, was Sie von ihm halten
Jemanden anrufen, bei dem Sie sich lange nicht gemeldet haben, und fragen, wie es ihm/ihr geht	Jemanden, der sich nach langer Zeit mal wieder meldet, sagen: »Ach, meldest du dich auch mal wieder ...«
Sich auf eine Wiese legen und Figuren in den vorbeiziehenden Wolken entdecken	Vor dem Fernseher liegen und sich über das Programm ärgern
Bei einem Waldspaziergang den Kopf auslüften	Eine Tafel Schokolade reinziehen und sich deswegen mies fühlen
Jemanden zu einem Eis einladen, obwohl Sie weniger verdienen	Sich ärgern, dass andere mehr Geld haben

Als Nächstes wenden wir uns den Gedanken zu: Gedanken sind flüchtig, bleiben also nicht allzu lange, wenn wir sie nicht durch Grübeln und Problemlösungsansätze manifestieren. Sie fühlen sich schlecht? So what! Wenden Sie sich etwas Positivem zu und lassen Sie dunkle Gedankenwolken an sich vorüberziehen.

Ob wir uns gut fühlen oder schlecht drauf sind, haben wir in unseren Breitengraden überwiegend selbst in der Hand. Von kleinen kosmischen Störfeuern einmal abgesehen, können wir dies nämlich selbst entscheiden.

27. Perspektivenwechsel

»Wer weiß, wozu es gut ist!« Nehmen Sie diesen Satz mit in Ihren Alltag und denken oder sagen Sie ihn immer dann, wenn Ihnen etwas Ärgerliches oder Jammervolles über den Weg läuft. Spüren Sie der Wirkung dieses Satzes nach. Wenn wir etwas erleben, das uns nicht gefällt, empfinden wir die Situation oft emotional als »falsch«. Die Folge ist, dass wir dagegen ankämpfen. Erfolg ist, was folgt.

Wenn wir uns zunächst nur für den Gedanken öffnen, dass das, was passiert, vielleicht doch etwas Positives mit sich bringt, fällt es meist deutlich leichter, es anzunehmen. Ein tolles Beispiel lieferte neulich meine Frau, bei der vor einigen Monaten eine Laktose- und eine Gluten-Intoleranz diagnostiziert wurden. »Weißt du, dank der wesentlich kleineren Auswahl fällt es mir jeweils sehr viel leichter, mich im Restaurant klar für ein Menu zu entscheiden. Davor war ich oft hin- und hergerissen und hatte das Gefühl, etwas zu verpassen – egal was ich bestellte.« Großartig. Und sie meint es wirklich genauso. Der Effekt: Sie unterbrechen das situationsspezifische Gedanken-Karussell und eröffnen sich selbst dadurch die Möglichkeit, einen neuen, positiven Kontext zu erkennen.

6. Tag: Detox

Glück zeigt sich im Stillstand der Zeit. Ich weiß nicht, wer das gesagt oder geschrieben hat; ich empfinde das genauso. Die Zeit einfach vergessen, von der Ruhe eingenommen. Stillstand der Zeit ist insbesondere an hektischen Tagen besonders wertvoll. Wenn Sie weniger jammern, verlangsamt sich die Zeit. Sich selbst das Jammern zu verbieten, führt zwangsläufig zu mehr Nachdenken, Ruhe und innerem Frieden. Nun gut, das ist zumindest meine Erfahrung, und deshalb steht diese Einheit unter dem Motto »Entgiftung«. Befreien Sie sich von den kleinen Ärgernissen des Alltags, schmeißen Sie sie über Bord.

28. »Ich ärgere mich«

Streichen Sie diese Floskel aus Ihrem Wortschatz. Sie ist unnütz und zudem falsch. »Ich ärgere mich über …« weist automatisch einem unsichtbaren Dritten die Schuld zu. Und zwar zu Unrecht – denn der Ärger entsteht ja in uns selbst. Er kommt nicht von außen. Ärger ist ein Sammelsurium unterdrückter Gefühle, unerfüllter Hoffnungen und nicht erreichter Ziele. Formulieren Sie um und sagen Sie: »Es ärgert mich.« Das mag auf den ersten Blick kein großer Unterschied sein, doch die Innenwirkung ist erheblich. Damit drücken Sie aus, dass für Ihren Gefühlszustand mindestens zwei (nämlich Sie selbst und ein Umstand, eine Person, ein Ereignis) verantwortlich sind. Erst dann können Sie auch etwas ändern. Und zwar entweder den Umstand oder Ihre Einstellung dazu. Es gibt da ein nettes polnisches Mantra, das Ihnen dabei helfen könnte. Jedes Mal, wenn Sie sich in das Drama einer anderen Person hineingezogen fühlen, wiederholen Sie diese Worte: »Nicht mein Zirkus. Nicht meine Affen.«

Übung: Ärger ausbremsen

Legen Sie fest, wie lange Sie sich durchschnittlich über eine Sache oder ein Verhalten ärgern wollen. Wie viel Zeit ist es Ihnen wert, was möchten Sie investieren? Ich schlage dreißig Sekunden vor. Konzentrieren Sie sich, wenden Sie einen der vorangegangenen Tipps oder eine der Übungen an – und in nur einer halben Minute ist die Sache erledigt. Verbeißen Sie sich nicht wieder in den Ärger oder dessen Auslöser.

7. Tag: Am siebten Tage sollst du ruhen

So. Wir machen jetzt Pause. Um nicht zu sagen: Wir sind am Ende. Lassen Sie am siebten Tag einfach alles auf sich wirken. Setzen Sie sich keine Ziele und stellen Sie alle Schalter auf AUS. Keine Beobachtungen, keine Reflexionen, keine Strategien und Erkenntnisse – einfach Ruhe. Machen Sie einen Spaziergang und betrachten Sie die Welt mit Kinderaugen. Alles ist interessant, alles ist richtig. Essen Sie etwas Feines, trinken Sie etwas Schönes. Atmen Sie tief durch.

Und falls Sie nach der ersten Woche noch nicht ganz frustfrei sind: Am Montag (falls Ihre Wochenrechnung auch da anfängt) haben Sie wieder neue Möglichkeiten, sich Ziele zu setzen. Für was auch immer Sie sich entscheiden: Ich wünsche Ihnen viel Spaß dabei.

Persönliches Fazit

Ich bin müde. Ehrlich gesagt habe ich den Aufwand für das Schreiben eines solchen Buchs massiv unterschätzt. Ursprünglich war nur eine bequeme Bündelung der Handouts geplant, die ich in all den Jahren als Trainer geschrieben habe. Daraus wurde mit wohlwollendem Druck von außen ein Buchprojekt, welches mich drei Jahre lang stark und über ein halbes Jahr praktisch jede freie Minute beschäftigt hat.

Jammern liegt als Thema nahe, weil ich seit Jahren einen Jammerblog betreibe. Dieser wiederum erfüllt, zugegeben, durchaus auch selbsttherapeutische Zwecke. Ich kann also aus Erfahrung mitreden.

Mein Dank geht an Franz Stowasser, dessen Weisheit, Gelassenheit und Verrücktheit mich begeistern. Ich bin stolz, den Blog, der mich neu denken gelehrt hat, mit dem Menschen teilen zu dürfen.

Ich habe weder Psychologie noch Philosophie oder Soziologie studiert. Ich habe einfach über Jahre genau beobachtet, sehr viel recherchiert und nun aus meiner Sicht kommentiert. Es stimmt demnach nicht generell, was in diesem Buch steht. Doch was stimmt schon generell? Dieses Buch soll reizvolle Auswahlmöglichkeiten und praktischen Nutzen bieten. Und das tut es.

Das Schreiben dieses Buchs hat nämlich bereits zwei Leben verändert: Ich kann kaum mehr jammern. Wirklich! Wer sich eine Zeit lang so konzentriert mit Jammern beschäftigt und alle Übungen ausprobiert, hat es praktisch hinter sich. Gertrud Teusen geht es ebenso. Als Textcoach hat sie die Leitplanken gesetzt, Diskussionen angestoßen, Vorschläge geliefert, Zwischenapplaus gespendet und die Etappen zum Ziel strukturiert. Ohne sie hätte ich die Übersicht komplett verloren.

Meiner wunderbaren Frau Patrizia danke ich für die Geduld, das Motivieren und den widerstandslosen Verzicht auf gemeinsame Freizeit. Und natürlich auch für das scharfsinnige Hinterfragen aller Thesen, Hypothesen, Quellen, Beweise und Relevanzen. Sie ist mehr als nur mein Personal Trainer für Überzeugungskraft.

Und letztlich danke ich dem Verfasser des Vorworts, Prof. Thierry Ettlin. Es ist schon toll, so einen prominenten und angesehenen Verhaltensneurologen und Klinikdirektor als Sportsfreund, Auskunftsstelle und Diskussionspartner zu haben. Seine Offenheit, sein Wissen, seine Neugier und sein Witz sind ansteckend.

Literatur

Adler, Eric, *Mehr vom Leben*, südwest, München, 2014

Adler, Eric, *Schlüsselfaktor Sozialkompetenz*, Econ, Berlin, 2012

Assheuer, Thomas »Neidisch?«, *ZEIT Campus Magazin* 4/14, 10.06.2014, Hamburg, 2014, S. 60 ff.

Bauer, Joachim, *Warum ich fühle, was du fühlst*, Heyne, München, 2005

Bernard, Andreas, »Hmpf«, *Süddeutsche Magazin* 14/2014

Bieri, Peter, *Das Handwerk der Freiheit*, S. Fischer, Frankfurt am Main, 2003

Bowen, Will, *Einwandfrei*, arkana, München, 2008

Brockhaus, F.A. (Hrg), *Brockhaus Enzyklopädie*, wissenmedia, München, 21. Auflage, 2005

Coelho, Paulo, *Der Alchimist*, Diogenes, Zürich, 2008

Dalai Lama, *Ratschläge des Herzens*, Diogenes, Zürich, 2003

Düweke, Peter, »Selbstmitleid vergrößert den Schmerz«, *Psychologie heute*, 11/2005

Grönemeyer, Prof. Dietrich, *Lebe mit Herz und Seele – 7 Haltungen zur Lebenskunst*, Herder, Freiburg, 2007

Hörmann, Kurt Z., *Fühlen ist klüger als Denken!*, Kamphausen, Bielefeld, 2011

Hofmann, Markus, *Denken Sie neu!*, südwest, München, 2014

Kinslow, Frank, *Beyond Happiness!*, Quantum Entrainment, Florida, 2005

Kirschner, Josef, *Die Kunst, ein Egoist zu sein*, Droemer, 1976

Kotthoff, Helga, *Das Gelächter der Geschlechter*, Universitätsverlag Konstanz, 1996

Kühne de Haan, Leila, *Ja, aber…*, Nymphenburger, München, 2001

La Roche, Walther, *Einführung in den praktischen Journalismus*, Springer VS, Berlin, 2013

Lohstroh, A.; Thiel, M., *Deutschland, einig Jammerland*, Gütersloher Verlagshaus, Gütersloh 2011

Marossek, Diana, *Kommst du Bahnhof oder hast du Auto?*, Hanser, Berlin, 2016

Matschning, Monika, *Mehr Mut zum Ich*, G+U, München, 2010

Messner, Reinhold, *Berge versetzen*, BLV, München, 1996

Naughton, Carl, *Der Autopilot im Kopf*, Gabal, Offenbach, 2012

Patrzek, Andreas, *Fragekompetenz für Führungskräfte. Handbuch für wirksame Gespräche mit Mitarbeitern*, 5. Aufl., Leonberg, 2010

Pöppel, Ernst, *Zum Entscheiden geboren*, Hanser, München, 2008

Roth, Gerhard, *Persönlichkeit, Entscheidung und Verhalten*, Klett-Cotta, Stuttgart, 2007

Roth, Gerhard, *Das Gehirn und seine Wirklichkeit*, Suhrkamp, Frankfurt, 1997

Salerno, Ann; Brock, Lillie, *Change Cycle*, Gabal, Offenbach, 2009

Seel, Martin, *111 Tugenden, 111 Laster*, S. Fischer, Frankfurt am Main, 2011

Sprenger, Reinhard K., *Mythos Motivation*, Campus, Frankfurt am Main/New York, 1998

Sprenger, Reinhard K., *Die Entscheidung liegt bei dir*, Campus, Frankfurt am Main/New York, 2004/2010

Tuma, Thomas, »I-phone, also bin ich«, *Der Spiegel* 27/2012

Watzlawick, Paul, *Anleitung zum Unglücklichsein*, Piper, München 1988

Wilker, Jessica, *Das Einmaleins der Achtsamkeit*, Herder, Freiburg, 2014

Williams, Mark, *Das Achtsamkeitstraining*, Goldmann, München, 2015

Internet-Links zum Thema

www.adsavvy.org/understanding-the-human-herd-mentality/

www.spektrum.de/lexikon/neurowissenschaft

www.wissen.de/synonym/jammern

www.scinexx.de/dossier-758-1.html

www.spiegel.de/wissenschaft/mensch/witz-theorie-lachen-mit-system-a-608497.html

www.apotheken-umschau.de/Psyche/Lachen-ist-gesund--echt-172851.html

www.morgenpost.de/printarchiv/wissen/article104495085/Lachen-auf-Rezept.html